罗兰·巴尔特"法兰西学院课程"研究

黄晞耘 著

图书在版编目(CIP)数据

罗兰·巴尔特"法兰西学院课程"研究/黄晞耘著.—北京:北京大学出版社,2019.9
(文学论丛)
ISBN 978-7-301-30680-2

Ⅰ.①罗⋯ Ⅱ.①黄⋯ Ⅲ.①巴特(Barthes, Roland 1915—1980)—思想评论 Ⅳ.①B565.59

中国版本图书馆CIP数据核字(2019)第170559号

书　　名	罗兰·巴尔特"法兰西学院课程"研究 LUOLAN BA'ERTE "FALANXI XUEYUAN KECHENG" YANJIU
著作责任者	黄晞耘　著
责任编辑	初艳红
标准书号	ISBN 978-7-301-30680-2
出版发行	北京大学出版社
地　　址	北京市海淀区成府路205号　100871
网　　址	http://www.pup.cn　　新浪微博:@北京大学出版社
电子信箱	alicechu2008@126.com
电　　话	邮购部 010-62752015　发行部 010-62750672　编辑部 010-62759634
印 刷 者	北京溢漾印刷有限公司
经 销 者	新华书店
	650毫米×980毫米　16开本　16印张　200千字 2019年9月第1版　2019年9月第1次印刷
定　　价	62.00元

未经许可,不得以任何方式复制或抄袭本书之部分或全部内容。
版权所有,侵权必究
举报电话:010-62752024　电子信箱:fd@pup.pku.edu.cn
图书如有印装质量问题,请与出版部联系,电话:010-62756370

目 录

绪 论 …………………………………………… 1
第一章 授课行为 ………………………………… 1
第二章 个人节奏 ………………………………… 21
第三章 中性 ……………………………………… 59
第四章 俳句 ……………………………………… 92
第五章 为所爱之人作证 ………………………… 136
第六章 小说性 …………………………………… 174
第七章 文学符号学 ……………………………… 189
结 语 …………………………………………… 215
参考书目 ………………………………………… 236

绪 论

经米歇尔·福柯推荐，法兰西学院（Collège de France）教授大会于 1976 年 3 月 14 日选举罗兰·巴尔特为"文学符号学"讲席教授。法兰西学院由法国国王弗朗索瓦一世创立于 1530 年，最初名为"三语学院"（拉丁语、希腊语、希伯来语），继而改名为法兰西皇家学院，19 世纪波旁王朝复辟时期定名为法兰西学院。该学院的基本特色在于它是一个独立于法国大学（université）体制以外的高等教育和研究机构，拥有五十余个讲席教授席位，课程向社会公众开放，但不颁发任何文凭，因而亦称"法兰西公学"。① 作为法兰西学术的最高机构之一,该学院的办学宗旨是向社会大众传播知识精英的最新学术研究,因此其教授职位均由声望卓著的学术名流担任,例如:历史学家米什莱,诗人瓦莱里,哲学家梅洛-庞蒂、福柯,语言学家本维尼斯特,人类学家列维-斯特劳斯等。

与课程设置规范化、程式化的普通大学不同,法兰西学院更加鼓励学术创新,开设的课程内容均由讲席教授们自主确定,往往是尚未进入大学课程体系的创新内容,而学院不作任何学术上的限制或干预。正是因为这一原因,学院在福柯的提议下,专门为罗兰·巴尔特新设立了"文学符号学"的教授讲席。

从1977年1月7日发表法兰西学院《就职演讲》开始,罗兰·巴尔特在法兰西学院一共开设了四门课程,分别是:"如何共同生活"(Comment vivre ensemble)、"中性"(Le Neutre)、"长篇小说的准备(一):从生活到作品"(La Préparation du roman I. De la vie à l'œuvre)和"长篇小说的

---

① 鉴于法国有三个学术机构的中文译名往往都称作"法兰西学院",在此有必要作一简要辨析:1. "Institut de France",该机构下辖五个学院,其中最著名的就是"Académie française"。这些机构的共同宗旨均在于研究而非教学,故此,"Institut de France"略类似于中国的科学院和社科院,将其译作"**法兰西研究院**"似较为贴切。2. "Académie française"是"法兰西研究院"的下属机构之一,由40名终身院士(即"不朽者")组成,故中文似可译为"**法兰西学士院**"。3. "Collège de France",该机构与上述机构的最大不同在于,它以前沿研究和面向公众的教学为宗旨,设有50多个讲席教授席位,故其成员不称"院士"而称"教授"。如果我们侧重其面向公众教学的特点,可将其译为"法兰西公学"或"法兰西公学院",但是前者容易让人联想到英国著名的贵族中学"伊顿公学"(Eton College),似不太恰当;而"法兰西公学院"这个译名的缺点是对于中国读者显得较为陌生,其所指更具不确定性。鉴于我国已有不少从事法国研究的学者均将"Collège de France"译为"法兰西学院",本书拟遵从翻译中"约定俗成"的原则,仍以"**法兰西学院**"指称"Collège de France",特此说明。

准备（二）：作为愿望的作品"(La Préparation du roman II. L'œuvre comme Volonté)。在讲授"如何共同生活"期间，他还主持了一次题为"何谓支配一次话语？"的研讨课。就在第四门课程结束之后两天，巴尔特于 1980 年 2 月 25 日走出法兰西学院时，在学院街被一辆小型卡车撞伤住进医院，于一个月后不治去世，享年 65 岁。①

巴尔特生前，他的《就职演讲》已于 1978 年由瑟伊出版社出版单行本。在他去世后，这篇《就职演讲》先后收入由埃里克·马尔蒂(Eric Marty)主编的三卷本《罗兰·巴尔特全集》(1995)和增补再版的五卷本《全集》(2002)。

包括四门法兰西学院课程在内的巴尔特手稿，在他去世后先由其同母异父的弟弟米歇尔·萨尔泽多(Michel Salzedo)保管。1996 年，米歇尔·萨尔泽多将这批手稿转交给法国当代出版记忆研究所(IMEC：Institut de la mémoire de l'édition contemporaine)保存。2002—2003 年，上述课程讲稿由埃里克·马尔蒂主编，由瑟伊出版社和当代出版记忆研究所联合出版。其中第一门课程的讲稿《如何共同生活》出版于 2002 年，编辑和出版负责人为克洛德·科斯特(Claude Coste)；第二门课程的讲稿《中性》出版于 2002 年，编辑和出版负责人为扎马·克莱尔(Thomas Clerc)；第三、第四门课程"长篇小说的准备（一）"和"长篇小说的准备（二）"合为一卷，出版于 2003 年，编辑出版负责人为娜塔莉·莱热(Nathalie Léger)。

---

① Hervé Algalarrondo, *Les derniers jours de Roland B.*, Editions Stock, 2006, p. 266.

上述四门课程出版之前,为了纪念罗兰·巴尔特在法兰西学院的教学生涯,法兰西学院和当代出版记忆研究所于2000年12月1日联合主办了一次向罗兰·巴尔特致敬的纪念活动,这次纪念活动的8篇发言均收入题为《罗兰·巴尔特在法兰西学院》的文集,于2002年由法国当代出版记忆研究所出版。2005年7月,意大利乌尔比诺大学(Université d'Urbino)的语言学与符号学中心以罗兰·巴尔特的法兰西学院四门课程为主题,组织召开了一次国际学术研讨会。2006年3月,比利时的根特大学(Université de Gand)也召开了一次围绕罗兰·巴尔特四门法兰西学院课程的研讨会。2009年,法国第戎大学(Université de Dijon)出版社出版了一本论文集《课堂上的罗兰·巴尔特》,主编为比利时列日大学的塞米尔·巴迪尔(Sémir Badir)和巴黎十二大的多米尼克·杜卡尔(Dominique Ducard),收入该论文集的学术论文有15篇。

　　法兰西学院时期,是巴尔特生前思想发展的最后阶段,也是他的学术思考高度活跃的时期。由于他的四门课程讲稿未曾收入此前出版的五卷本《罗兰·巴尔特全集》,因此要全面完整地了解巴尔特思想,就必须对他在法兰西学院的四门课程进行专门研究。事实上我们将会发现,这四门课程呈现出巴尔特许多崭新的思考主题,有些已趋成熟,有些则尚处在探索过程中。对这些课程进行专门研究,我们将会发现一个与此前有很大不同的罗兰·巴尔特,并能更为全面地了解巴尔特思想发展的整个轨迹和完整面貌。法兰西学院"新拉丁欧洲现代文学"讲席教授卡尔洛·奥索拉(Carlo

Ossola)一语道出了巴尔特四门课程的意义:除了业已出版的《罗兰·巴尔特全集》以外,最值得进一步理解和阐明的,便是巴尔特的最后一个时期,也就是1977—1980年他在法兰西学院任职期间的学术思考与写作。①

四门课程最为直接的研究者,是负责这些手稿出版的主编埃里克·马尔蒂,以及每门课程的出版编辑。马尔蒂在出版"总序"中道出了他的最大感受:"阅读巴尔特的这些课程讲稿时,读者无疑会获得一种乐趣,感觉自己正置身于一种正在形成中的思想的最鲜活时刻。"②第一门课程"如何共同生活"的手稿编辑克洛德·科斯特注意到,这门课程乃是"对一种社会乌托邦的探索"③,巴尔特所关注的问题已经迥异于此前思考的所有问题。源自希腊阿托斯山(le mont Athos)修道院某些修道士的生活方式——既属于修道院,又独自生活;既是这个团体的成员,又拥有个体的自主性——引起了巴尔特很大的兴趣。科斯特指出了其中的意义所在:"如果将其引申到世俗世界,对于我们深入思考复杂的社会人际关系以及由此产生的伦理学问题,将会是一种非常独特有趣的启示,尤其是身处各种群体内、体制内的现代人,不可避免地要面对个体与团体、个体自由与体制权力之间复杂而困难的关系。"④

---

① Carlo Ossola, «Leçon de la "Leçon"», in *Roland Barthes au Collège de France (1977—1980)*, IMEC, 2002, p. 17.
② Eric Marty, «Avant-propos», in Roland Barthes, *Comment vivre ensemble*(以下缩写为 *CVE*), Editions du Seuil / IMEC, 2002, p. 13.
③ Claude Coste, «Préface», in Roland Barthes, *CVE*, p. 23.
④ Ibid., p. 24.

第二门课程"中性"的手稿出版编辑托马·克莱尔发现，巴尔特为这门课程开列的参考书目体现出一种真正的互文性，是一种参考文献的互文性文本（un intertexte bibliographique）。它所涉及的领域广泛多样，从东方和古代的神秘主义著作，到现代哲学论述和文学作品。在"中性"（le Neutre）的概念下，许多看似关系不大的神学家、哲学家、史学家和文学家都被汇集在了一起，例如：老子、皮浪、帕斯卡尔、卢梭、约瑟夫·德·迈斯特、托尔斯泰、波德莱尔、米什莱、普鲁斯特、布朗肖、约翰·凯奇、拉康、德勒兹等。托马·克莱尔认为，巴尔特围绕"中性"概念，广泛参考语言学、神学、哲学、科学、文学等领域的文献资料，建立起了一种不同学科之间的互文性符号学（intersémiotique），旨在揭示出"中性"的丰富内涵，而他对"中性"概念广泛而深入的探索，正值其思想创造力旺盛的一个时期，随着这门课程讲稿的出版，巴尔特提出的"中性"概念终于能在读者的眼前"熠熠闪光"，由此造就了他在法兰西思想史上独一无二的形象。[1]

第三和第四门课程分别为"长篇小说的准备（一）：从生活到作品""长篇小说的准备（二）：作为愿望的作品"。这两门课程手稿的出版编辑娜塔莉·莱热通过回顾巴尔特的学术生涯，意识到自 1953 年撰写《写作的零度》开始，巴尔特就从未停止过思考文学在当代社会的意义问题，也就是文学作为一种乌托邦（utopie littéraire）的功能问题。娜塔莉·莱热指出，在上述两门课程中，巴尔特不仅回答了这个问题，而且

---

[1] Thomas Clerc, «Préface», in Roland Barthes, *Le Neutre*, Editions du Seuil / IMEC, 2002, p. 20.

对其进行了全面的思考总结。①在巴尔特看来,"如今的长篇小说多如尘埃,却没有'伟大的小说',它们似乎不再是任何价值意图、规划或者道德激情的存身之所"。而文学作为一种乌托邦的任务,"就是将一个拥有价值的世界(爱、正义、自由)与一种被经济法则决定的社会体系对立起来"。②

前面提到,2000 年 12 月 1 日,法兰西学院与当代出版记忆研究所共同举办了一次纪念活动,向罗兰·巴尔特 1977—1980 年在法兰西学院历时三年的教学生涯表达敬意。出席者中最年长的是法兰西学院退休荣誉教授伊夫·博纳弗瓦(Yves Bonnefoy)。博纳弗瓦在发言中说,巴尔特的思想是他那个时代最令人兴奋的思想之一,而且直到今天对于我们而言,仍然是激发思考和灵感的一个重要源泉。③

在巴尔特的同时代人中,米歇尔·福柯无疑是最了解他的人之一。正是福柯于 1976 年撰写了一份长达 9 页的推荐报告,建议法兰西学院为罗兰·巴尔特专门设立"文学符号学讲席教授"一职。福柯的推荐既是基于他对巴尔特思想独创性的深刻了解,更是基于他和巴尔特对于符号学发展前景、对于尝试建立"文学符号学"的一致看法。如果我们将福柯的推荐报告和同时期巴尔特向法兰西学院提交的有关文学符号学的"研究与授课计划"加以对比阅读,就能清晰看出他们在这一构想上的高度契合。

---

① Nathalie Léger, «Préface», in Roland Barthes, *La Préparation du roman* (以下缩写为 *PDR*), Editions du Seuil/IMEC, 2003, p. 15.
② Roland Barthes, *CVE*, p. 363.
③ Yves Bonnefoy, «Roland Barthes au Collège de France», in *Roland Barthes au Collège de France*(1977—1980), IMEC, 2002, p. 11.

然而,如果单独看,罗兰·巴尔特任职后开设的第一门课程——"如何共同生活"貌似更多是在讨论一个社会伦理学的问题;第二门课程"中性"则偏重于消解西方语言、哲学、宗教、伦理,直至社会文化中的二元范式;即使是探讨诗学的第三门课程和探讨长篇小说的第四门课程,也只有为数不多的篇幅才直接涉及文学符号学。那么,在巴尔特的这四门课程之间,在这些课程与巴尔特和福柯所共同构想的文学符号学之间,究竟存不存在某种内在的逻辑关联?更重要的是,巴尔特和福柯所构想并更为看重的文学符号学(la sémiologie littéraire)究竟是什么?它与普通符号学(la sémiologie générale)的区别究竟是什么?这是一些从学理上很有必要回答,但是又很难用三言两语说清楚的问题。因为,首先必须透彻理解巴尔特的这四门课程,而这本身是一件并不容易的事;其次,巴尔特在法兰西学院任教期间,并非仅仅撰写了四门课程讲稿,从《就职演讲》算起,包括研究普鲁斯特创作的两篇文章和撰写于1979年初夏的《明室》一书,直至他去世前未完成的最后一篇论文《谈论所爱我们总是失败》,这一时期他留下的文字实际上一共有14篇。以四门课程讲稿为主的这14篇文字,实际上构成了巴尔特这一时期著述的一个整体,如果不对其作全面了解,那么单就四门课程作出任何判断或结论都会流于草率。

如果我们通读完这些文稿,就会发现它们彼此之间存在着许多深刻而又复杂的联系。这个时期巴尔特所思考的主要问题,会以不同的方式,从不同的角度,在四门课程和其他文字中反复出现,有时甚至相互交织在一起。例如,他每一门课程的出发点都是基于某种幻想(fantasme),对此他在《就职演讲》中曾专门作过阐述。他赋予幻想的特殊含义,决定了他对自己在法兰西学院每一门课程基本性质的独特理解,以及他贯穿始终的独特授课方式。再如,对于权力(pouvoir)和语言结构(langue)之间关系的思考,不仅开宗明义地出现在《就职演讲》里,而且构成了第二门课程"中性"的基调,同时又从不同的角度出现在"如何共同生活"和"长篇小说的准备(一)"和"长篇小说的准备(二)"里,而且最终成为他论述文学符号学的基本出发点之一。此外,他对日本俳句的高度欣赏,以及他对"长篇小说性"(le romanesque)的特殊阐释,也都与此密切相关。

还应该举出的一个重要例子是,就在巴尔特撰写第二门课程"中性"的讲稿之际,他挚爱的母亲于1977年10月去世。这一重大生活变故不仅带给巴尔特难以愈合的情感创伤,而且深刻影响了他此后的全部思考和写作。我们将会注意到,在此之后他撰写的8篇文字,无论是研究普鲁斯特的两篇文章(《很长一段时间里,我都是早早就睡下了……》《启动了》),还是第三、第四门课程的讲稿,尤其是生前未出版的《明室》一书,都在不同程度上与母亲的离世有关。更为重要的是,母亲的离世对巴尔特的思想本身也产生了深刻影响,包括他对待自己生命的态度、对自己学术生涯的重新思考、对文学的皈依(conversion)、对长篇小说功能的独特阐释等。换言之,如果我们想比较准确地了解这个时期巴尔特的内心世界和思想重心,就必须将他的上述文字关联起来考虑。

由于上述原因,我们显然不应该孤立地看待巴尔特的各门课程和同时期的文字,而应该将它们所涉及的主要问题加以综合归类,以专题的方式进行研究。这些经过归类的专题构成了本书研究的 7 章内容,主要包括:1.巴尔特对授课行为的独特理解;2."个人节奏"与社会伦理学;3.二元范式与"中性";4.俳句的启示;5.长篇小说与"新的写作实践";6.关于"长篇小说性"的理论思考;7.文学符号学。

第一章

授课行为

1. 授课话语的伦理

按照通常的理解,教学授课主要是指知识的传授。法语《罗贝尔词典》对教学(enseignement)一词的定义是:"向学生讲授、传输知识的行为、艺术"。这里所说的知识当然是经过验证的、现成的知识内容。不过我们前面曾提到,法兰西学院的办学宗旨在于向社会大众传播知识精英的最新学术研究,因此它所开设的课程内容均由讲席教授们自主确定,往往是尚未进入普通大学课程体系的创新内容,因此具有更多的探索性质。但即使按照法兰西学院的开放度和宽容度,罗兰·巴尔特对授课行为的理解也是超乎寻常的,这涉及他在《就职演讲》中特别关注的几个问题。

首先是权力与语言结构的关系问题,因为它决定了教授的授课行为对待语言的态度和使用语言的方式。巴尔特庆幸自己新任职的法兰西学院是一个难得的"处于权力之外"的场所,"教授在此别无他务,只是研究和讲课而已"。然而,授课行为离不开语言,而任何语言的陈述,都隐含着说话者试图对听话者施加影响、控制的愿望,隐含着说话者运用权力的愿望。在巴尔特看来,权力"隐藏在人们所说的一切话语之中,即便是从一个权力之外的地方说出的话语"。因此他对授课行为的第一个思考,就是"话语在何种情况下、以何种方式能够摆脱一切控制他人的愿望",他特别强调:"在我看来,这种思考构成了今天开始的本讲席课程的深层计划。"[①]

权力与语言的关系问题,还体现在教授本人在使用语言时,所受到的语言结构的控制,以及他尽可能摆脱这种控制的努力。在巴尔特看来,"权力乃是某种机体上的寄生虫,这种跨社会的机体与人的全部历史,并不仅仅是其政治历史或发展史相关联。权力寄居其中、伴随人类始终的这样东西就是:言语活动(le langage),或者用其必然的表达方式更准确

[①] Roland Barthes, «Leçon inaugurale», in *Œuvres complètes*, Editions du Seuil, 2002, tome V, p. 430.

地说就是:语言结构"。①在罗曼·雅各布森的语言学研究中,对一种方言的定义更多的不是看它能让人说什么,而是看它迫使人说什么。巴尔特以法语为例进一步证明:"在我们的法语中,(……)我被迫总是在阳性和阴性之间进行选择,中性或复合形式是被禁止的。同样,我被迫要么使用'你',要么使用'您'来表明自己与他人的关系:我被拒绝保留情感或社交上的悬念。"②人在使用语言时并不自由,因为语言结构在很大程度上控制了我们说什么和怎么说,正是在此意义上,巴尔特在《就职演讲》中说出了那句当时令人惊讶的名言:"作为一切语言的表现方式,语言结构既不是反动的,也不是进步的,而不过是法西斯主义的,因为法西斯主义并非阻止人说话,而是迫使人说某种话。"③

2. 祛讲授

授课者试图对听话者施加影响、控制的愿望,语言结构对说话者本人的制约和强迫,因为涉及权力,涉及个体间的平等与个体自由,因此都是巴尔特所警惕并力图避免的对象。针对第一种情况,巴尔特提出的解决方法是"祛讲授"(désapprendre)。他意识到"教学中可能成为压迫性的东西,说到底不是它所传授的知识或者文化,而是我们用以介绍它

---

① Roland Barthes, «Leçon inaugurale», in Œuvres complètes, tome V, p. 431.
② Ibid., p. 431.
③ Ibid., p. 432.

们的话语形式"。①因此"祛讲授"并不是拒绝讲授、拒绝传输知识,而是尽量避免传统意义上强加于人的灌输式教学方式。作为一种口头陈述,"祛讲授"的基本操作在于有意识地中断长篇大论、铺陈展开,防止意义的形成和固化,代之以一些"离题的话"(digression),或者叫离题的"远足"(excursion)。这种手法体现在书面写作上的表现形式,就是我们所熟知的巴尔特式文体:片段写作。

基于上述考虑,巴尔特典型的授课方式是:围绕一个中心话题,开列出一系列与之相关的"特征"(traits),也叫作"形象例证"(figures)或"卷宗"(dossiers)。例如围绕第一门课程的中心话题"如何共同生活",巴尔特开列出了从Akèdia(希腊语:疏忽)到Utopie(乌托邦)等共计31个"特征"。对于这些特征的勾勒,巴尔特所用的篇幅一般都不长,最长用了九页半的篇幅(食物,Nourriture),最短只有一页多一点(自给自足体制,Autarcie;鱼群,Banc)。在《如何共同生活》184页的篇幅中,每个"特征"所占的平均篇幅为六页左右。

作为讲授者,巴尔特给自己确定的角色仅仅是逐一介绍和简要勾勒这些"特征",或者用他自己的话说,逐一"打开"这些"卷宗",目的主要在于启发听众的自由思考,而不在于向其灌输现成的知识,更不在于长篇大论。这种做法类似于中国人常说的"点到为止",在其背后,我们能够隐约感觉到巴尔特所看重的一种教学伦理。对于自己特意列举出来的每一个"特征"或"卷宗",巴尔特无疑有许多话要讲,然而他

---

① Roland Barthes, «Leçon inaugurale», in *Œuvres complètes*, tome V, pp. 444—445.

更看重的是自我克制,尽量避免卖弄学问,这样做的益处当然是对听众的充分尊重,在启发听众的同时,为其保留进一步独立思考的自由空间。

这种教学伦理不仅与巴尔特在日常生活中为人处世的态度具有一致性,而且符合他的社会性(人际关系)理想,也就是"如何共同生活"和"中性"这两门课程都涉及的伦理学思想。而所有这一切背后更深层次的原因,则是巴尔特对于无所不在的权力的高度警惕以及消解权力的努力。就教学行为而言,他所警惕并努力消解的,则是他本人作为讲授者面对听众所必然拥有的权力。他在《就职演讲》结束时向听众预告了将要开始的课程授课方式:"今后在此授课的每一年里,我所希望能够更新的便是推出课程和研讨课的方式,简言之,便是既'支配'话语又不将其强加于人的方式。"①"祛讲授"的基本含义是:"没有任何的权力,只有少许的知识,少许的明智,再加上尽可能多的滋味(saveur)。"②

权力、知识、明智、滋味,这四个关键词无疑是我们进入巴尔特课程之前需要特别留意的,不过更准确地说,是它们所占的比例值得我们特别留意。我们将会看到,这种比例的确构成了巴尔特即将开始的四门课程的一个基本特征。其中,"如何共同生活"和"中性"都体现出一种基本的思考倾向:如何尽量消解权力及其带来的压迫感,无论是在人际关系中,还是在以语言为中心的社会生活的各个领域。与之相

---

① Roland Barthes,《Leçon inaugurale》, in *Œuvres complètes*, tome V, pp. 444—445.
② Ibid., pp. 445—446.

应,四门课程在知识的传授上都有意识地避免长篇大论,取而代之的是"点到为止"的启发式授课。关于巴尔特所说的"少许知识",我们应该意识到他的授课内容更多是属于思想类型,而不是知识类型。因此与偏重于知识传授的一些社会人文学科(诸如历史学、社会学、人类学、语言学)相比,他的课程属性本身其实就不是以传授知识为重点的。

3. 课程准备

构成巴尔特独特授课策略的大致有四种因素。首先,他的每一门课程都会提出一个经过长期思考、具备充分重要性的中心话题。例如"如何共同生活"中的"个人节奏"话题;可以广泛运用到话语、人际关系、伦理学、社会学、认识论、语义学的"中性"话题;探讨诗学和文学符号学的"长篇小说的准备"话题。

其次,围绕每一个中心话题,巴尔特会为听众准备一份跨学科的、内容广泛丰富的参考资料,旨在尽可能地启发听众的思考。例如他为"如何共同生活"开列的参考资料包括:介绍基督教早期各种修道制度的著述,尤其是公元 5 世纪小亚细亚西北部赫雷诺波利斯的主教帕拉德(Pallade,363—425)撰写的《修道院的故事》(*Histoire Lausiaque*),该书对基督教早期隐修士在埃及、巴勒斯坦、叙利亚生活轶事作过有趣的记载。而法国作家雅克·拉卡里埃尔(Jacques Lacarrière,1925—2005)的著作《希腊的夏天:四千年日常生活中的希腊》(*L'Eté grec:Une Grèce quotidienne de 4000 ans*，以下简称《希腊的夏天》）所描述的希腊阿托斯山某些僧侣的特殊修道方式，则为巴尔特的这门课程提供了最重要的"个人节奏"概念。此外还有介绍亚洲（锡兰）佛教僧侣修行方式的著述，以及五部涉及不同类型生活方式的文学作品：笛福的《鲁滨逊漂流记》（*Robinson Crusoé*）和纪德的小说《普瓦捷被非法监禁的女人》（*La Séquestrée de Poitiers*）（均为独居生活的典型例证），托马斯·曼的小说《魔山》（*La Montagne magique*，一所疗养院内非常特殊的人际关系），左拉的《家常菜》（*Pot-Bouille*，一栋布尔乔亚住宅楼里严格的等级制度）等。

  围绕每一个中心话题，巴尔特会从他所开列的参考资料中归纳出20～30个"特征"，或称"卷宗"。他在课堂上所要做的，主要就是逐一"打开"这些"卷宗"，也就是对每个"特征"作出简明扼要的描述，但是不作展开。关于"中性"概念，巴尔特列举了23个"特征"，其中包括"善意""沉默""得体""礼仪""冲突""退隐""傲慢""无为"等。巴尔特有意让这些特征之间缺乏连贯性，换言之，他对每个特征的简要介绍构成了一系列不连贯的片段（fragments）。为什么要选择这种不连贯（discontinu）的片段探讨方式？巴尔特在《中性》里专门谈到了选择这种授课方式的原因：一系列不连贯的片段，意味着将某种东西，比如说讨论的主题、"中性"这个概念，置于一种不断变化的状态，而不是对其进行不断的强调，以便达到一个最终的意义或结论。①"不连贯的、未被组织成篇的

---

① Roland Barthes, *Le Neutre*, p. 36.

特征系列,正是中性概念本身所要求的,因为中性本身拒绝'传授教义'(dogmatiser),不组织成篇,就意味着不下结论。"

从上述课程准备的精心程度以及后来出版的讲稿中,我们不难看出巴尔特对于他本人提出的每个中心话题,都曾做过长期深入的思考[例如他明确提到,他对"中性"的思考,实际上从《写作的零度》时期(1953)就已经开始了]。他自己的见解、思想,有的正在形成,有的已经成型,据此他完全可以长篇大论,充分阐发自己的思想成果,甚至引导听众接受这些思想成果。然而,这显然不是拒绝"传授教义"的巴尔特的授课目的所在。无论是每门课程提出的中心话题、为听众开列出的跨学科参考资料,还是从参考资料中归纳出的各种内涵丰富的"特征",直至在课堂上对每个特征有节制的介绍,他所做的这一切都是为了引发听众的自由思考,由听众自己去填充完成每一个"卷宗"。这种授课理念,或者说教学伦理,巴尔特将其看作既是对听众自由思考权利的尊重,也是对普遍意义上的他人的尊重。它所体现的自我节制,就是他在《就职演讲》结束时总结的四个关键词中的明智,而在这种克制和明智的背后,则是他关于权力问题长久以来所作的思考:如何对无所不在的权力保持高度警惕,如何避免将自己的思想强加于他人。

4. 滋味

再来回忆一下巴尔特就授课方式提及的四个关键词的比例:"没有任何的权力,只有少许的知识,少许的明智,再加上尽可能多的滋味。"一望而知,"滋味"是巴尔特最重视、最希望在他的课程中呈现的东西。那么,什么是巴尔特所说的"滋味"?要解释清楚这个概念并不容易,因为它涉及比较多的方面。

艾尔曼·帕雷在《罗兰·巴尔特法兰西学院课程的滋味》一文中注意到,在《就职演讲》前4年出版的《文本的愉悦》(1973)一书中,巴尔特就曾经谈到过滋味:滋味与其说是各种意义(或感官,因意义和感官是同一个法语词 sens 的不同词义),不如说是一种意义(感官)的愉悦(un plaisir du sens)。基于上述原因,在两部著名的法语词典《利特雷词典》和《罗贝尔词典》中,巴尔特更加偏爱《利特雷词典》。按照《罗贝尔词典》的定义,滋味(saveur)是一种由味觉感受到的属性(qualité),或者某种带给味觉以愉悦的属性(与之相反的是"乏味"fade,"寡淡"insipide)。《利特雷词典》在字面上引用了这个定义,随后又加了一段非常具有巴尔特风格的释义:"无滋无味",用于形容一道寡淡的菜肴。作为形象比喻,也用于形容一部缺少美丽或愉悦感的文学作品。①

艾尔曼·帕雷指出,和《利特雷词典》一样,巴尔特将本属于烹饪饮食的滋味作了相似性的类比引申,将滋味这种属性赋予了文学和文化。在《如何共同生活》的开篇,巴尔特借用尼采的区分,强调文化具有与方法(méthode)相反的性质。然而巴尔特并未止步于此,他甚至将滋味形容为"根本性的"(fondamentale),提到"纯粹生命的滋味、生命活力的享受",

---

① Herman Parret, «La saveur dans les Cours au Collège de France», in *Roland Barthes en Cours*, Editions Universitaires de Dijon, 2009, p. 24.

从烹饪和味觉含义到文化含义,从文化含义到生命含义,这就是典型的巴尔特式的逻辑思路。

在知识领域,《就职演讲》的另一处也提到了滋味:"我这里提出的范式……暗示一切词语具有滋味(知识 savoir 与滋味 saveur 具有相同的拉丁语词源)的地方即有写作(l'écriture)。"巴尔特参考著名美食作家居尔农斯基(Curnonski)的著作,将烹饪、味觉的概念用于说明他的观点:

> 在烹调中,每种食材都应该有其自身的味道。在知识领域,为了让各种事物都成为其自身,成为它们曾经所是,就必须有一种配料,即词语之盐(le sel des mots)。正是这种词语的味道,使知识得以变得深刻,变得丰富。①

5. 幻想

除了"祛讲授"这一独特的授课方式之外,巴尔特还赋予了自己的课程另外一个重要特征:幻想性质。在《就职演讲》中,巴尔特明确预告他的教学将不同于一般意义上的知识传授,而是具有一种幻想(fantasmatique)性质:

> 我真诚地以为,在本课程这样一类教学的开始之时,就应该同意在其中永远放置一种幻想,以后的每一年这种幻想都可以有所变化。我能感觉到,这种想法可能会显得具有挑衅意味:在一个体制机构之内,即使这

---

① Roland Barthes, «Leçon inaugurale», in *Œuvres complètes*, tome V, p. 435.

个机构是如此的自由,怎么会有人竟敢谈论一种幻想性质的教学?然而,如果我们花点时间打量一下人文科学中最可靠的一个门类,即历史学,怎么会不承认它和幻想其实一直有着关联呢?这正是米什莱弄明白了的事情:历史,说到底就是最典型的幻想场所,也即人的身体的历史。正是从这样一种在他的著作中与往昔身体的抒情性复活联系在一起的幻想出发,米什莱得以将历史学变成了一种内涵广博的人类学。因此科学可以产生于幻想。教授每年应该回到的就是一种幻想,无论是明言的还是不明言的。①

第一门课程"如何共同生活"涉及的是集体权力与个体自由之间的关系问题,巴尔特为其"幻想"的社会关系找到了一个关键词:idiorrythmie(个人节奏);第二门课程中的幻想自然是"中性"状态;至于第三门课程"长篇小说的准备(一)"和第四门课程"长篇小说的准备(二)",巴尔特安置其中的"幻想",就是"想要写作一部长篇小说"(Vouloir-Ecrire un roman)。这些被当作各门课程基本属性的"幻想",我们在后面将作专门分析。

关于幻想巴尔特还有另外几种表述方式,一是"想象界"(l'imaginaire),二是"欲望(le désir)的对象",三是"乌托邦"(l'utopie);在巴尔特的术语表中,这几种表述方式大致可以相互替代。如果换用我们更为常见的说法,也就是"理想状态"。我们不妨来看一下巴尔特在这几种表述方式之间的转

---

① Roland Barthes, «Leçon inaugurale», in *Œuvres complètes*, tome V, p. 445.

换：第一门课程"如何共同生活"结束后，巴尔特循例给法兰西学院提交了一份"课程概要"（即课程总结），他介绍说："在《就职演讲》中我们就已提出，本讲席的诸课程将尝试把学术研究与讲课者的**想象界**联系起来。"①随即他把"想象界"与"幻想"联系了起来："……受某些宗教模式的启发，尤其是希腊阿托斯山修道院的启发，我们将这种**幻想**出来的共同生活状态称作'个人节奏'。"

在解释第二门课程的核心概念"中性"时，他又将幻想和"欲望"联系起来："在此重申一下我在《就职演讲》中阐述过的课程性质：我曾承诺，每年的课程都将始于一个**个人幻想**（fantasme personnel）。概言之，我对中性怀有**欲望**，因此将其提出来进行探讨。"②因此巴尔特又说："这门课程，与其叫作《中性》，不如叫作《对中性的欲望》。"③仍然以"个人节奏"为例，巴尔特将想象界、幻想、欲望对象最终都归结到一种乌托邦状态："我们的愿望，是将个人节奏型共同生活的各种变化形式与一种**乌托邦**（utopie）加以对照，在此过程中强调这类团体参与者的最理想人数（最多十来个人），以及调节团体内人际关系所必需的关键距离。"④至此我们不难看出，无论是想象界、幻想，还是欲望的对象或者乌托邦，巴尔特对这些概念的使用都意味着，他在每一门课程中所要探讨的乃是某

---

① Roland Barthes, «Résumé du cours Comment vivre ensemble», in *Œuvres complètes*, tome V, p. 362.
② Roland Barthes, *Le Neutre*, p. 38.
③ Ibid., p. 25.
④ Roland Barthes, «Résumé du cours Comment vivre ensemble», in *Œuvres complètes*, tome V, p. 363.

一种理想状态及其可能性，这一特征构成了他有意识赋予四门课程的基本性质，将其与知识传授型的授课区别开来。

6. 特征的随机排列

前面提到，围绕每一门课程的主题，巴尔特都开列了一份内容丰富的参考书目。参考书目与主题之间只存在间接关联，而没有直接关系（因为尚无系统存在的相关研究），这一点决定了巴尔特所列书目的特点不仅仅体现在内容的丰富上，而且更在于文献材料之间的跨学科性和互文性。事实上，巴尔特本人对此是有意为之。以课程"中性"为例，他在讲稿的"开场白"中就将这门课程所要涉及的参考文献命名为"互文性文本"（intertexte）。这些文本共计30种，包括作者或专题。按拉丁首字母排序，从17世纪德国神秘论者安捷鲁斯·西里西乌斯（Angelus Silesius）到意大利哲学家维科（Vico），包括巴什拉尔、培根、波德莱尔、本雅明、布朗肖、约翰·凯奇、费希特、弗洛伊德、纪德、黑格尔、迈斯特、米什莱、帕斯卡尔、卢梭、斯宾诺莎、托尔斯泰、瓦雷里等27位作者的著作，以及与"怀疑论者""诡辩派""道家"三个概念相关的资料，内容涉及哲学、神学、历史、语言学、文学、音乐等诸多学科。所有这些文献资料之所以被关联在一起，是因为它们在巴尔特的眼中，都与"中性"的基本特征有着某种间接相关性；而他参考如此广泛的文献资料的目的，乃在于揭示中性概念的丰富内涵。

巴尔特前两门课程的讲稿，均由一系列的"特征"构成。

前面说过,这些特征亦被他称作"形象例证"或"卷宗"。前两门课程的讲稿内容,就是各由一组"特征"构成,其中《如何共同生活》的"特征"为 31 个,《中性》的"特征"为 23 个。这些"特征"自然不同于前面提到的参考书目,后者顾名思义,主要是一系列与课程主题存在相关性的文献书目,虽然与常规的课程参考文献相比,它们更为丰富、更具有跨学科性和互文性,由此成为巴尔特课程讲稿的一个基本特色,但是它们并不构成讲稿本身的基本内容,而"特征"则是巴尔特围绕课程主题,归纳列举的一系列关键词,它们构成了巴尔特课程讲稿的实际内容。换言之,巴尔特在课堂上的授课行为,就是按照事先撰写好的讲稿,向听众逐一介绍这些"特征",或用他本人的话说,逐一打开这些"卷宗"。围绕"如何共同生活"这一主题,巴尔特列举的特征包括:退隐、阿托斯山、自给自足体制、鱼群、不发愿修女的修道院(béguinages)、官僚制度、卧室、首领、独居修道者的群居地(Colonie d'anachorètes)、距离、社会边缘形态、独居、身边环境、规则、乌托邦等。

前面提到,围绕第一门课程"如何共同生活"这一主题,巴尔特列举了 31 个"特征",围绕第二门课程的"中性"主题,他列出了 23 个特征。那么,应该以何种方式排列这些"特征"? 这个貌似简单的问题却受到了巴尔特的高度重视。由于这些"特征"是构成课程讲稿的具体内容,以何种顺序排列并介绍它们,会直接影响到课程所要传达的信息,乃至课程的目的和性质。

我们注意到,巴尔特有意避免按照某种预定的逻辑对

"特征"进行连贯排序,相反,他非常强调"特征"排序的偶然性和随机性。在第一门课程的讲稿《如何共同生活》中,他借助于拉丁字母表本身的随机性,对特征按首字母进行排序,对此他解释说:"因为字母表的顺序本身没有任何逻辑意义可言,不受制于任何逻辑性的虚构。"①到了第二门课程的讲稿《中性》,为了进一步加强偶然性和随机性,巴尔特将首字母顺序排列的特征加以编号,然后打乱编号顺序再次随机排序,这样就使得特征的排序具有了双重的随机性。

巴尔特如此重视特征排序的随机性和偶然性,有两点值得我们专门分析一下:第一,巴尔特想要避免的不是随机呈现的意义,而是"逻辑意义",也就是为了某个表达目的、按照某种人为的逻辑安排而制造出来的意义;第二,巴尔特将逻辑意义视为"逻辑性虚构"的结果,它以真理的面目呈现,然而与真理没有任何天然联系。人为的安排,使得逻辑意义具有内在的独断论性质和强迫他人接受的控制意图,它排出了多元结论、多元意义存在的可能,从这一点上说,它与权力有着天然联系,这正是巴尔特对其保持高度警惕的原因,因为单一、武断的逻辑意义一旦形成,很容易就会产生固化,②成为被大众普遍接受的、占主导地位的大众舆论(la doxa),继而可能成为某种具备强大压迫性权力的意识形态乃至所谓"真理"。只需回顾启蒙运动和法国大革命以来的欧洲历史,

---

① Roland Barthes, *CVE*, p. 181.
② 巴尔特从《文本的愉悦》开始,就经常用"固化"(sclécose)一词形容意义的命运。他曾引用朱丽娅·克里斯特娃所言:"一切已完成的陈述都要冒成为意识形态的风险。"参见:Roland Barthes, *Le plaisir du texte*, Editions du Seuil, 1973, p. 68.

特别是以法国和德国为代表的欧洲大陆的历史,各种轮番占据主导地位的大众舆论和意识形态就层出不穷,尤其是哲学和政治上的各种"主义",每一种都明确地或潜在地以真理自居,然而,历史却最终证明了它们的虚幻、偏执、极端,其中的某些"主义"或"真理"甚至会给人类社会带来巨大的危害,因此之故,作为知识分子的巴尔特对西方占主导地位的大众舆论和意识形态始终保持质疑态度。他于1957年出版的名著《神话集》,其宗旨就在于分析和揭露法国社会中各种大众舆论貌似天然真理、实则非常可疑的本质。

而1975年出版的《文本的愉悦》则从相反方向,阐明了迥异于大众舆论的"迷醉文本"的重要性。①到了法兰西学院的"如何共同生活"和"中性"两门课程中,为了摆脱论说文式的逻辑连贯性的束缚,巴尔特选择按照字母顺序(乃至进一步打乱字母顺序)来随机罗列构成课程内容的系列"特征",他对偶然性的强调,目的就在于消解意义,防止意义固化,进而成为"主义"或"真理"。

7. 仅仅是打开卷宗

与"特征"的随机排列方式相应,同样是出于防止形成单一意义和意义固化的考虑,巴尔特的课程讲稿采用了片段写作的方式,即对每一个随机排列出的特征,都只做简短的介绍描述。以讲稿《如何共同生活》为例,我们前面曾经提到,

---

① 参见黄晞耘:《罗兰·巴尔特思想的转捩点》,《世界哲学》,2004年第1期。

巴尔特对每个特征的描述篇幅一般都不长,最长用了9页半（食物,Nourriture）,最短只有一页多一点（自给自足体制,Autarcie;鱼群,Banc）。在这门课程讲稿184页的篇幅中,每个"特征"所占的平均篇幅为6页左右。由此讲稿呈现出的基本面貌,便是一个由为数众多的片段（fragments）构成的文本。事实上,这种以一系列关键词及其相应片段组合而成的片段写作方式,早已成为巴尔特写作的一个基本特色,从《符号帝国》（1970）、《文本的愉悦》（1973）到《罗兰·巴尔特自述》（1975）和《恋爱话语片段》①（1977）。他采用的都是片段写作。和以上著述一样,《如何共同生活》也是由许多片段构成,这些片段被巴尔特叫作"特征"或"形象例证"。

就法兰西学院课程讲稿而言,巴尔特选择片段写作方式的具体用意何在？他在《中性》讲稿里首先解释说,可能是因为自己无力去建构一种连续的探讨方式,即传统意义上的课程。②然而这显然不是最重要的原因,因为他接着又解释了自己的主观用意:"一系列不连贯的片段,意味着将某种东西,比如说讨论的主题、中性这个概念,置于一种不断变化的状态,而不是对其进行不断的连续的强调,以便达到一个最终的意义或结论。"不仅如此,片段写作也符合中性概念本身的要求:"不连贯的、未被组织成篇的形象例证系列,正是中性概念本身所要求的,因为中性本身拒绝'传授教义'。不组织

---

① 该书的法文原标题为 *Fragments d'un discours amoureux*,常见的中文译名《恋人絮语》没有体现出 fragments（片段）这一重要词义。

② Roland Barthes, *Le Neutre*, p. 35.

成篇,就意味着不下结论。"①在这段重要的阐述中,巴尔特甚至直截了当地说明了自己的意图:"体制化的(传统的)课程讲授,其目的在于为知识的传授、掌握做准备。而对于我来说,永远不变的问题却在于,消解对知识的掌握,也就是消解卖弄、炫耀。"

此前几年,在关于人文科学中的理论问题的一次访谈中,巴尔特就谈到过人文科学的弊端之一:体系化(systématique)的思维方式(在较为严重的程度上也就是教条化(dogmatique)的思维方式),他指出,人文科学中的体系化倾向(在法国)尤其与一种从各级学校教育开始就被不断强化的"论说文"(dissertation)写作方式密切相关。这是一种"连贯系统的、按一定方式编码的、像桌布一样铺展开来的"写作类型,强调形式上的一致性、完整性。到了人文科学的体制中,就发展为一种模式化的"理论话语"。对于巴尔特而言,"理论一词通常意味着一种连贯的话语,一种连贯的陈述,可以说属于古典哲学的模式。它是一种论说文类型的表述,包含着这种文体导致的所有思维和语汇局限",而人文科学中的体系就是由这样的论说文体构成的。②

巴尔特在知识传授上的审慎和克制,被克洛德·科斯特称作"特征思维",他将其与辩证法方法进行了对比:与辩证法的那种刻板不变的思维方式相反,"特征"思维拒绝一切"深入的分析",它只是思想的"诱饵"(amorce),简单的提纲,甚至只是纯粹的描述。每个"特征"、每个"卷宗"都有意识地

---

① Roland Barthes, *Le Neutre*, p. 36.
② 参见:Roland Barthes, «Sur la théorie», in *Œuvres complètes*, tome III, p. 689.

避免完备详尽,为的是诱发听众个人的参与和思考。①基于上述思想背景,巴尔特多次重申他作为课程讲授者的角色仅仅在于逐一介绍和简要勾勒每个"特征",每个"卷宗"的打开,每个"特征"的描述,都不是为了讲课者的长篇大论,而是为了启发每一位听众自己去充实、细化,例如在第一门课程的讲稿《如何共同生活》将近结束时,巴尔特总结道:

> 本门课程只是提出一些空格(cases)、一些空白的知识领域,这些空格需要由在座各位自己去填充。理想的课程也许是,教授作为讲话者,在课堂上应该比他的听众更加平凡普通,他所说出的内容应该少于他(在听众那里)所激发起的内容。如果课程是由各种建议组成的交响乐,那么这些建议就应该是不完整的,否则它就成为了一种立场(position)。②

对特征的简要介绍描述,也被巴尔特比喻为打开卷宗(ouvrir un dossier),而在巴尔特心目中,一个特征就类似于百科全书的一个词条:

> 每次当我提到一个形象例证,我都会说,我们仅仅是打开一个卷宗",或者,如同打开百科全书的一个词条:"狄德罗就打开了他那个时代的所有卷宗。今人要想达到知识的详尽透彻已不再可能,知识已经完全复数化、多元化了,衍射为各种彼此无法沟通交流的语言。百科全书的做法已经变得不再可能,但是对于我而言,

---

① Claude Coste, «Préface», in *Comment vivre ensemble*, p. 26.
② Roland Barthes, *CVE*, p. 181.

百科全书式的行为仍然有其虚构的价值。

面对听众,他在课堂上还借用点彩画派的手法来比喻自己课程的特点:这样的课程就像是一种点彩画派画法(tachisme),"不断地添加笔触,这里添一笔,那里加一笔,只要画作还在进行中,我们就不知道最终它会成为什么样子。这样的作画方式不是事先在调色板上将各种颜色调和好,而是将各种颜色直接叠加在画布上。就我这门课程而言,不会有最终完成的画作,也许那应该由你们来加以完成"。① 在这门课程结束后提交给法兰西学院的"课程概要"中,巴尔特也专门说明:"本课程的研究旨在'打开一些卷宗',然后由听课者们自己去充实这些卷宗的内容。"②

曾经聆听过巴尔特法兰西学院课程的埃里克·马尔蒂(后来成为《罗兰·巴尔特全集》和《罗兰·巴尔特法兰西学院课程》主编)对巴尔特的授课方式印象深刻,他回忆说,巴尔特的授课方式体现为一种抛弃大学体制和智识话语空间的方法,后者总是要表达什么:"作为一个谨慎的主体,巴尔特似乎仅仅满足于指出某些知识领域,对一些可能的知识卷宗加以勾勒、分类、清点。"③ 在马尔蒂看来,巴尔特这种独特授课方式的益处在于,当读者阅读他的这些课程讲稿时(如同当年的听众聆听其讲课时一样),"无疑会获得一种乐趣,感觉自己正置身于一种正在形成中的思想的最鲜活时刻。"④

---

① Roland Barthes, CVE, p. 181.
② Roland Barthes, «Résumé du cours Comment vivre ensemble», in Œuvres complètes, tome V, p. 362.
③ Eric Marty, «Avant-propos», in Roland Barthes, CVE, p. 11.
④ Ibid., p. 13.

第二章

个人节奏

1. 夫妻模式与法伦斯泰尔

巴尔特给"如何共同生活"这门课程加了一个副标题:"几种日常空间的小说性模拟"(*simulations romanesques de quelques espaces quotidiens*),以此说明他所要采取的探讨策略。所谓"模拟",类似于系统研究中常用的建模,而"小说性模拟",则源自巴尔特对小说(文学)功能的深刻理解:小说尽管字面上是虚构的,但是却能摆脱具体现实的局限性,从而为更为自由的探讨提供可能,故此模拟其实与文学理论常说的模仿(mimèsis)具有相同性质。而巴尔特从一开始就强调,他的每门课程都始于一个"幻想",是将学术研究与讲课者的"想象界"联系起来。

为探讨"如何共同生活"这个话题,巴尔特主要选择了五部长篇小说作为不同类型的参考范例:1. 公元 5 世纪小亚细亚西北部赫雷诺波利斯的主教帕拉德撰写的《修道院的故事》,对基督教早期隐修士在埃及、巴勒斯坦、叙利亚的生活轶事作过有趣描写;2. 德国作家托马斯·曼的小说《魔山》讲述的是一所疗养院内非常特殊的人际关系;3. 法国作家爱弥尔·左拉的小说《家常菜》表现了一栋布尔乔亚住宅楼内严格的等级制度;4. 英国作家丹尼尔·笛福的小说《鲁滨逊漂流记》;5. 法国作家安德烈·纪德的小说《普瓦捷被非法监禁的女人》,后两部小说都是描写独居生活的典型范例。以上每一部小说,都对应着一个特定的空间环境,例如《修道院的故事》中的荒原,《普瓦捷被非法监禁的女人》中的卧室,《家常菜》中的住宅楼,《鲁滨逊漂流记》中的岛屿,此外当然还应该加上希腊阿托斯山的修道院和锡兰的寺庙。[1]

关于"共同生活",巴尔特首先列举了两个相反的极端例子,一类是令人羡慕的:"我们能为共同生活举出一些成功的例子,比如恩爱的夫妻,团结的集体,和睦的家庭。我们对这些成功的'共同生活',自然会怀有强烈的幻想和愿望。"[2]另

---

[1] Claude Coste,«Préface», in Roland Barthes, *CVE*, p. 27.
[2] Roland Barthes, *CVE*, p. 35.

一类恰好相反:"最可怕的共同生活场景是:禁闭。例如在餐馆里,跟周围一些令人不快的家伙被迫封闭在一处。"以上两种极端的情况,都不属于巴尔特要讨论的对象。他在提交给法兰西学院的"课程概要"中阐明了自己的想法:

> 本门课程要探讨的,不是"如何共同生活"涉及的所有形式(各种社会形态、法伦斯泰尔、家庭、配偶关系),而是一种人数非常有限的团体"如何共同生活"。在这类团体中,并不排斥个体的自由。受某些宗教模式的启发,尤其是希腊阿托斯山修道院的启发,我们将这种幻想出来的共同生活状态称作"个人节奏"。①

虽然巴尔特的第一门课程旨在探讨"如何共同生活"的主要形态,但是他从一开始就排除了"共同生活"的两种模式,一是由夫妻二人构成的家庭模式,二是"法伦斯泰尔"模式(le Phalanstère)。为什么排除夫妻关系?原因在于夫妻生活的固定场所,卧室,让人无法产生对个人节奏的幻想,因为后者恰恰不愿意看到这种永恒不变的地方:家庭生活模式阻止了一切隐修的、个人节奏的体验。巴尔特强调:"对我而言,现在所要探索的共同生活幻想,完全不同于我在《恋爱话语片段》中涉及的'两个人生活'(le Vivre-à-deux)。现在我想讨论的,是一种关于人生、关于生活方式、生活类型的幻想。"如果换一种说法,巴尔特在课堂上想要讨论的,是"一种

---

① Roland Barthes, «Résumé du cours Comment vivre ensemble», in *Œuvres complètes*, tome V, p. 362.

关于社会人际关系距离的乌托邦"。①

"法伦斯泰尔"出自19世纪法国空想社会主义者夏尔·傅立叶(Charles Fourier,1772—1837)的社会乌托邦构想,核心理念是一座能容纳400个家庭(约2000成员)的巨大建筑物,占地约4平方公里,设有中央钟楼、交易市场、歌剧院、手工作坊、厨房、花园等,法伦斯泰尔的成员主要从事农业生产和各种生产劳动,构成一个和谐理想的小型社会共同体。巴尔特不喜欢法伦斯泰尔的一个原因在于,傅立叶构想的这种"共同生活"模式在规模上过于大型庞杂,很难在个体和群体之间达成平衡,这种庞大规模的群体也不符合巴尔特偏于安静的个性,以及他心目中由少数志同道合的朋友"共同生活"的理想。更为重要的是,法伦斯泰尔是与夫妻模式相对的另一个极端。巴尔特怀着明显的反感指出:

> 那些大型的社会组织,诸如"公社"、法伦斯泰尔、修道院,聚居隐修模式,都无法让人看到希望。原因显而易见:因为它们都是按照一种权力结构组织而成的……,都是明显敌视个人节奏的(从历史上看,这些社会组织甚至恰恰就是为了针对个人节奏而被建立起来的)。

对于傅立叶发明的法伦斯泰尔,巴尔特毫不客气地批判道:

> 从根本上说就是反人性的:这种社会组织完全就是

---

① Roland Barthes, *CVE*, p. 37.

个人节奏的反面,它的成员每天必须遵守固定的日程表,参加每刻钟一次的集体活动。犹如一个兵营(法伦斯泰尔源自希腊文 phlanx,意为军事组织),一个寄宿学校。①

2. 隐修与自我封闭

在"退隐"(anachorèsis)的标题下,巴尔特分析了宗教隐修与世俗独居两类情况。公元 3 世纪末至 4 世纪初,由于政府征收的税赋日益沉重,为了逃避收税官的催逼,埃及的亚历山大城出现了一批逃离城市、到沙漠绿洲和山中独居的隐修者(anachorètes),其中的代表人物是著名隐修士安托万②,在他的身边汇集了一批隐修士,他们居住在各自的简陋小屋里,大多数人彼此并不认识。这是一种完全意义上的个人修行,每人每周有五天都是独自隐修,日常生活内容包括独自祈祷、手工劳作(编筐、编席、纺织)和诵唱圣诗。不过,独居隐修并不意味着绝对的孤独,隐修士之间会相互走访。到了星期六下午和星期日,大家会汇集到教堂集体做礼拜。他们向商店出售一篮一篮的水果与椰枣,买回棕榈纤布、食盐、大饼。

在埃及的安托万所开创的独居修行方式中,巴尔特已经看到了一些基本的"个人节奏"因素。促使这批基督徒逃离

---

① Roland Barthes, *CVE*, p. 40.
② 安托万(Antoine Le Grand,约 251—约 356),亦称"埃及的安托万",基督教独居修行方式(érémitisme)的创始人,据传享寿 105 岁。

城市、到荒原隐修的直接原因,无疑是为了逃避沉重的税赋,但这种逃离的行为本身,明显包含着对官方权力的拒绝、对个体自由的珍视。①其次,这些隐修者过着一种完全意义上的个人修行生活,每周有五天都是独自隐修,然而他们又并未陷入彻底孤独和自我封闭的状态,彼此之间仍会相互走访,而且每周一次还会集体做礼拜。最后,他们中间没有组织,没有等级和首领,只有一位"年长者"(ancien),也就是安托万,由此避免了等级权力对个人的控制。

关于非宗教性质的独居,除了笛福的小说人物鲁滨逊·克鲁索以外,巴尔特还提到了真实生活中的哲学家斯宾诺莎(1632—1677)。如果说前者是因为海难而被迫在荒岛上独自求生,那么斯宾诺莎在其生命的最后阶段,则是主动隐居在海牙附近的伍尔堡,先是住进一家膳宿公寓,后来为了省钱和吃饭更加自在,又租了一个私人房间,独自"过着与世隔绝、随心所欲的生活"。②在这位晚年的哲学家身上,巴尔特看到的是一种"平静的形象":他的退隐与独居生活完全是自愿的,而且仅仅是为了节省开销和吃饭更为自在。此外斯宾诺莎虽然躲避尘世独居,但他并未因此彻底隔断与他人的联系,事实上,他有时也会下楼,与来访的客人交谈。这种生活方式很接近巴尔特所憧憬的"个人节奏"模式。同样重要的是,在斯宾诺莎自愿隐居的背后,是这位大哲学家与充斥着世俗权力的人世的决裂,巴尔特将其称为斯宾诺莎"解决权力危机的个体方案":躲避尘世,也就是躲避和否定尘世中各

---

① Roland Barthes, *CVE*, p. 58.
② Ibid.

种权力体制;创造一种自由自在的生活方式,不再继续受制于如机器般运转的世界。显然,个体与权力的关系问题,构成了巴尔特看待斯宾诺莎退隐生活的主要视角。

在"极限经验"这一小标题下,巴尔特以安德烈·纪德的小说《普瓦捷被非法监禁的女人》作为"形象例证",简要勾勒了一个极端自我封闭的案例及其背后深藏的心理原因。纪德的这部小说取材于一桩真实的案例,因为精神失常,小说的女主人公梅拉妮被其家人非法监禁在卧室里长达25年之久。后来警方介入调查,将长期生活在床上的梅拉妮送进了医院接受治疗,并由公诉人对梅拉妮的家人提起诉讼。然而随着案件调查的深入,警方和公诉人发现这个家庭的所有成员实际上都处在一种精神失常的状态,每个人都患有自我幽闭的病态心理。例如外祖父夏尔特先生,就常年封闭在自己的卧室里不出来,甚至当他的女婿在隔壁卧室去世时,他也不愿走出自己的房间。

女主人公梅拉妮的自闭心理更为极端。她并非如外界认为的那样,是被家人非法监禁在房间里,而是心甘情愿地自我幽闭,而且从中感觉到幸福,这种自我幽闭显然是非常病态的。她固执地将自己封闭在卧室里,全然不顾房间里的气味令人难以忍受(污垢、排泄物、寄生虫之类)。此外她还有裸露癖,经常赤身裸体出现在窗户前,因此家人才用链子将其窗户的护窗板拴紧。然而最主要的是,她渴望自我封闭的状态。按照她母亲在法庭上提供的证词,"她狂热地希望自己被包裹起来、覆盖起来","只有当她被一床被子完全包裹起来时,她才会感到快乐"。就像儿童通常总是愿意深深地钻进被窝里一样,梅拉妮也渴望被子将自己包裹,使一切变得黑暗,与周围世界彻底隔离开来,她将这个由被窝构成的藏身处,称呼为"我亲爱的小洞穴",在这种自我藏匿中,她感觉到的是一种快乐和幸福。当大家准备把她送往医院时,她说:"你们想怎么做都行,但是不要把我从我亲爱的小洞穴里带走。"

在巴尔特评论梅拉妮的故事时,我们感觉他对这位女主人公被强行带离自己的"小洞穴"甚至怀有某种同情:"满怀情感地将自己覆盖起来、藏匿起来……这种心理现象我们可以将其称之为'梅拉妮症候'",然而,"社会却是压制这种梅拉妮症候的。司法机构把她从她'亲爱的小洞穴'里拉拽出来,将其安置到光天化日之下,安置到符合卫生条件和宗教要求的一张医院的床上"。

梅拉妮案例所体现的,固然是一种病态的"幽闭癖"(claustrophilie)或者"幽闭成瘾"(claustromanie),然而巴尔特却适时地提醒道,其实在我们很多人身上,都有着不同程度的"幽闭癖"倾向,他承认在自己身上就存在着这样的情况,比如"喜欢为自己寻找一些封闭的空间,无论是工作上的,还是生活中的,以及与睡眠相关的"[①]。巴尔特的这段话虽然只是点到为止(这是他为自己的课程确定的原则),但是却意味深长,是他分析梅拉妮案例的点睛之笔。如果我们充分了解了他在各种著述中表达的对个人空间的珍视,就会意

[①] Roland Barthes, *CVE*, p. 98.

识到他在点到为止的背后所要表达的言外之意。所谓病态与常态之间,其实只有程度上的不同而已。在现实生活中,每个人都有独处的需要,都有保留自我空间的需要,这本是人的天性使然,只要不走向梅拉妮那样的极端,那么这种人之天性其实是应该受到理解和尊重的。

如果从世俗领域转换到宗教领域,梅拉妮的案例仿佛是一种隐喻,非常近似于基督教早期(体制化之前)独居的隐修者。这些处于体制边缘的人同样被教会视为怪诞、偏离常规的疯子:"置身社会边缘的个体所受到的指责,就是被看作是一个疯子。因为正常的生活方式应该是群体的,而疯子是不正常的。"随着时间的推移,"个体隐修作为基督教里的一种疯癫行为,被法律和宗教共同体重新纳入控制范围,个体隐修者从此须从属于一个上级的管束"。①

比极端自我封闭稍好一些的,是"二人共处"或"配对生活"的情况。巴尔特此处所说的"配对生活"(couplage)并非特指夫妻关系,而是指广义的、任何一种形式的二人共处、共同生活。这是一种特殊的共处关系,共同生活的双方并非夫妻或亲属,而是因为某种特殊原因而朝夕生活在一起。一个著名的例子是普鲁斯特小说《追忆似水年华》中叙述者的姨妈莱奥妮与其女仆弗朗索瓦丝之间紧密(但不亲密)的关系。莱奥妮姨妈是个家境富裕的女性,自从丈夫去世后产生幻觉,变得神经质,动辄偏头痛,总觉得自己的大脑里有什么东

---

① Roland Barthes, *CVE*, p.133.

西在晃动。她不愿出门,无所事事,整天待在自己的卧室里,躺在床上,由上了年纪的女佣弗朗索瓦丝负责照顾她的饮食起居。

她们之间首先是一种照顾与被照顾、依赖与被依赖的关系。莱奥妮姨妈对于弗朗索瓦丝有一种心理上的强烈依赖,甚至需要后者每天陪她絮絮叨叨的聊天。她们的共处关系,非常类似于封建时代的主仆关系,弗朗索瓦丝终生为莱奥妮姨妈当佣人,对主人怀着一种带封建意识的忠心。巴尔特注意到,日子一长,这种紧密的二人共处关系会产生强烈而复杂的情感:双方时常会猜忌、抱怨对方,甚至发火、吵架。更多的时候,这些负面情绪藏在各自的内心里。比如,神经质的莱奥妮姨妈一度怀疑自己的女佣是个窃贼。然而在无意识中,长期共处的生活已经使她们连为一体,以至于在莱奥妮姨妈去世时,弗朗索瓦丝比任何人都悲痛欲绝。巴尔特以这个例子说明,在许多二人共处的模式里,例如母女之间、亲属之间、主仆之间,实际上都存在着一种爱恨交织的关系,这种"蕴藏着疯狂情感"的共处关系只有当一方死亡后才会终结。这类关系由于受到某种契约的强制约束(莱奥妮姨妈和弗朗索瓦丝之间是一种类似于封建时代的主仆契约关系),因而不是自由的共处关系,而且彼此间过于紧密,缺乏必要的距离和个人空间,这显然不是一种巴尔特所憧憬的理想模式。

3. 聚集修道

前面我们曾提到,巴尔特关于"如何共同生活"的关键灵感,来自于雅克·拉卡里埃尔的著作《希腊的夏天》所描述的阿托斯山部分僧侣的"个人节奏"修道方式。也许是因为这个缘故,他在讲稿中对于集体生活的思考,主要集中在宗教修道领域,而犹太教、天主教、东正教、佛教等修行模式的多样性,以及修道体制与世俗社会体制的相似性,也为他的分析提供了足够丰富的案例。

首先是聚集修道方式,巴尔特举出的第一个例子是基督教出现之前的一个犹太教团体:库姆兰教派(secte de Qumran),1947年发现的死海手卷对该教派的轶事有所记载。这是人数不多的一个小团体,于耶稣诞生前140年前后离开耶路撒冷,隐居到库姆兰的犹大荒漠。耶稣在世时,这个教派仍然存在,后来于公元68年被罗马人屠杀。这一小群人的最初构成是:12名不信教的世俗者和3名神职人员。后来大批自愿者追随他们来到这片荒漠,修建起新的房屋。

这批人均为原教旨主义者,他们隐居到荒漠的原因,应该是在历法问题上反对耶路撒冷的政治和宗教权力机构。不过这个犹太小团体引起巴尔特关注的,是其内部的组织结构:该团体成员共同生活在一起,近似于未来将成为主要模式的聚集修道(cénobitisme)。团体内部制定了一些严格的规定,例如成员们共同生活,财产归公,而不归个人保留;新成员的初修期为三年,在此期间还有相应的惩罚制度。在巴尔特看来,这种强调集体性而牺牲个体权利的修道方式,体现出一种虽然处于社会边缘,但是却具有右翼特征的原教旨主义。

在基督教历史上,与库姆兰教派具有相似性的是夏尔特修道士（les Chartreux）。1084年，出生于科隆的布鲁诺在阿尔卑斯山的夏尔特修道院山谷，创建了一片隐修士的居住区。夏尔特修道士遵循的生活原则是：每个人都有自己的独立生活空间，也就是各自的房间或单独住所，各人不仅可以在自己的住处单独进餐，而且日常的祷告及部分礼拜活动也都是在各自的居所进行。另一方面有一些集体活动，例如夜晚在教堂举行的颂赞经和晨经、早祷、晚祷；每逢礼拜日修道士们要共同进餐，每周还有一次集体散步。如果就此而言，夏尔特修道士的生活模式已经比较符合巴尔特心目中的理想状态，尽管以他的标准来看，他们的人数较多，超过了最佳的规模。

然而夏尔特的修道模式存在着一个缺陷，巴尔特特意提醒听众注意到这一点：这里的修道士是有等级分层的，而这种等级制造成了修道士之间的不平等。例如，普通修道士居住在夏尔特山谷的低处，他们要从事农业耕作和手工艺生产，而神甫们则居住在山谷高处的修道院，这里同时也是举行大型祈祷仪式的场所。每个神甫都有自己的单独住所（cella, loge），即一小栋房子，底层一间房用于堆放劈柴，另一间是手工作坊；二层有两间房，一间是个人用厨房，另一间用于祈祷、阅读、进餐、睡觉，此外还有一个小花园，这些都是普通修道士无法享受的特权。

概言之，夏尔特的修道模式尽管为个人保留了相当的空间，但是修道院的存在本身已经体现出体制集权的特征，而等级制度又造成了修道士之间的不平等、神甫阶层所享受的特权及其对普通修道士的管理权力，因此，巴尔特认为夏尔特修道模式与前面提到的库姆兰修道模式一样,都属于原教旨类型(intégriste)或一体化类型(intégrationniste)。①

如果追溯起来,基督教最早的聚居修道方式是由圣徒帕科姆②于4世纪创立。由帕科姆创立的第一座修道院的出现标志着基督教历史上一个关键的、决定性的时刻:个体隐修作为基督教里的一种疯癫行为,被法律、宗教共同体重新纳入控制范围,独立的个体隐修者从此须从属于一个上级、一个体制的管束。③对此巴尔特敏锐地指出,一旦聚集修道方式出现,立刻就会出现某种官僚机器,出现一批代表官僚机器进行管理的执行人员。

到了公元6世纪初,本笃会创始人圣·伯努瓦④规定:一年的初修期后,修道士要正式发愿,这相当于修道院这个共同体与发愿者个体之间订立了一个双边协定。修道院给发愿者从此提供稳定的生活及修行条件(这在当时颇为珍贵,如同今天的稳定就业);作为交换,发愿者从此必须服从修道院的规定(附带如果违反规定将会遭到的惩罚)。圣·伯努瓦制定的戒规(la règle de Saint Benoît)从此成为天主教会和东正教会遵循的基本原则。作为一种边缘状态,独居隐修方式虽然仍受宽容,但是被逐渐规范化。到10世纪末,埃及独居隐修者的住所已经向修道院靠拢,虽然仍与后者保持着差

---

① Roland Barthes, *CVE*, p. 103.
② 圣·帕科姆(Pacôme le Grand,约292—约348),出生于埃及北部的泰帕伊德,基督教聚居修道方式(cénobitisme)的创始人。
③ Roland Barthes, *CVE*, p. 133.
④ 圣·伯努瓦(拉丁名Benedictus,约480—约543),出生于意大利的诺尔齐亚,基督教本笃会创始人,他制定的戒规(la règle de Saint Benoît)对后世西欧的修道制度产生了深远影响。

别。11—12世纪,独居隐修方式转变为聚居修道方式,并被纳入神职人员体系。①教会实现了对边缘者的管控:一是服从(按:个人对于修道院的服从),二是稳定(按:修道院给个人提供的稳定生活)。概言之,独居修行方式已经在很大程度上被修道院体制整合了,具有了群居性和社会交际性。

4. 中间类型

独居隐修,以及世俗生活中的独居、自我封闭和与世隔绝,代表着个体与社会的一种极端关系形式。聚集隐修,以及世俗生活中的各种社会组织,如法伦斯泰尔,则代表着个体与社会的另一种极端关系形式。前者的弊端在于让人完全放弃了社会属性,放弃了人与人之间必要的交流,走向彻底的孤独状态;后者的弊端在于以集体的名义向个体行使权力,剥夺个体的自由和空间,迫使其服从集体体制所制定的宗教教规或社会规范。显然,以上两种模式都不是巴尔特在思考个体与个体、个体与群体关系时认为值得肯定的,因此他的目光投向了位于两种极端之间的一些中间类型,其中具有代表性的是13世纪盛行于荷兰、德意志和比利时的"不发愿修女的修道院"。

"不发愿修女的修道院"(béguinage)这个中译名稍微有些绕口,它源自"不发愿修女"(béguine),即加入教会时不向上帝发誓,从而为自己保留以后离开修道院过上世俗生活权

---

① Roland Barthes, *CVE*, pp. 133—134.

利的女性。她们有别于大多数在进入修道院（出家）时发下终生三愿的修道者。这三愿是：贫穷，贞洁，服从。不发愿修女们进入的修道院因此被称作"不发愿修女的修道院"。

在生活空间的安排上，"不发愿修女的修道院"不同于一般修道院或法伦斯泰尔这类修道院，充分照顾到了修女们的个人空间权利。修道院内建有分散的小屋，围绕在一座教堂的周围，一般是二至三人的居所，带有院子。修道区域，相当于一个单独的教区，高高的围墙，白天院门开着，夜晚关闭。修女们并不是整天封闭在修道院里，而是可以出入，也可以接受来客的访问。

但是这些活动都会受到修道院严格规定的约束，而且还受到严格的监视。这些修女虽然无须发下终生三愿，但是在修道院的修行期间必须保持贞洁。

此外，她们还必须服从于一位等级地位更高的修女，通常是院长嬷嬷。综合来看，不发愿修女的修道院虽然在空间和时间的管理上较为灵活，但是其他方面仍然制定有较为严格的诸多院规，这使其更具有传统修道院的特点。

5. 个人节奏

以独居隐修为代表的自我封闭和与世隔绝，以及以聚集隐修院为代表的体制化集权，在巴尔特眼里分别属于两个方向的极端，而大致可视为中间类型的不发愿修女的修道院，由于其严格的院规和对个人的诸多限制，也不符合他心目中的理想状态。巴尔特强调，他要探索的是一个介于两种极端之间的领域,为此他向听众重申了他在《就职演讲》中关于"幻想性教学"(l'enseignement fantasmatique)的表述:"我希望每年讲授的课程都从某个幻想出发。"① 在"如何共同生活"这门课程中,巴尔特所安置的幻想便是"个人节奏"。

这门课程的讲稿,大致撰写于 1976 年夏天至年底,其核心灵感来自这一年刚出版的法国著名游记作家雅克·拉卡里埃尔的著作《希腊的夏天:四千年日常生活中的希腊》)。② 雅克·拉卡里埃尔在这部著作中记述的希腊阿托斯山部分基督教(东正教)修道士的生活方式,引起了巴尔特很大的兴趣(他本人从未去过那里)。阿托斯山位于希腊东北部的阿克泰半岛,东、南、西三面濒临北爱琴海。7 世纪起,第一批基督教隐修士来到阿托斯山,过着分散修行的生活,没有形成聚居修道制度。

公元 963 年,拜占庭修道士阿塔纳斯(Athanase l'Athonite,约 930—1000)在阿托斯山东麓创建了第一座聚居修道院。此后围绕该山又陆续建起了 19 座修道院,阿托斯山因此被称为圣山。从那时起,分布于阿托斯山北部和南部的修道院逐渐形成了两种模式:北部的聚居修道院和南部半聚居式的,也就是个人节奏修道院。阿托斯山两种类型的修道院在空间上有着不同的分布格局,山的北部,修建的都是空间宽敞的大型修道院,周围是地中海沿岸的森林。山的

---

① Roland Barthes,*CVE*,p. 34.
② 雅克·拉卡里埃尔,法国著名游记作家,尤以希腊游记著称。代表作:《圣山阿托斯》(*Mont Athos,montagne sainte*,1954)、《古希腊漫步》(*Promenades dans la Grèce antique*,1967)、《希腊的夏天》(*L'Eté grec : une Grèce quotidienne de 4000 ans*,1976)。

南部,则是遍地岩石的荒野,在那些遵循个人节奏模式的修道院周围,零星散布着修道士们个人的简陋小屋。

实地考察过阿托斯山修道制度的雅克·拉卡里埃尔是这样描述的:

> 这座圣山创造出了一种特殊的生活类型,就是人们所说的"个人节奏"。阿托斯山上的各个修道院,分别遵循两种不同的生活类型。有的修道院被称作cénobitique,也就是聚居式的。在这类修道院里,无论进餐、礼拜、劳作,一切都是集体行动。另一类修道院被称作idiorrythmiques,意为"个人节奏的"。在这类修道院里,每个修道士都按照自己的节奏生活,他们拥有自己的单独房间,进餐也是在各自的房间里(除了一年中举行的节日以外),并且可以保留各自在许愿修道之前拥有的财产。……在这些奇怪的修道团体里,除子夜祷告外,甚至其他礼拜仪式也任由各人选择做与不做。①

令巴尔特深感兴趣的,便是拉卡里埃尔书中提到的"个人节奏"修道方式。idiorrythmie 这个词由 idios(个人的)和 rhuthmos(节奏)两部分构成,特指在阿托斯山某些修道院的内部,遵循"个人节奏"的修道士既属于某座修道院,但又独自生活;既是这个团体的成员,但又拥有自主性,每一个成员的个人生活节奏都能有一席之地。要言之,这种修行方式既不同于早期基督徒彻底与世隔绝的个体隐修,也不同于后来体制化的团体聚居修行。

---

① Jacques Lacarrière, *L'Eté grec*, in Roland Barthes, *CVE*, p. 37.

由于"个人节奏"这个关键词出自拉卡里埃尔对阿托斯山一种修道模式的概括,因此阿托斯山在巴尔特眼中具有了特别的象征意义。不过,这种个人节奏模式在基督教修道史上并不是第一次出现。在基督教早期,最能体现"个人节奏"的修道方式是尼特里隐修模式。尼特里(Nitrie)是一座荒山,位于埃及亚历山大城南部,尼罗河的西边。公元4世纪时,这里出现了一大片独居隐修者的居住地,这批独居隐修者人数达5千人,其中有600人住在荒漠深处。他们彼此相处的原则是:各自居住在简陋小屋里,小屋之间的距离,既能让每个人独自生活修行,又能够彼此造访。隐修士们拥有一些位于居住地中心的服务设施,包括一座大型教堂,7个烤面包用的火炉,一个接待访客的旅店,还有几名医生。食物是面包和盐,有一顿晚餐供应。他们的日常生活方式大致如下:每周有六天待在各自的小屋,一面编制席垫,一面默诵《圣经》经文。礼拜六,众人到教堂聚会,共同用餐,并彻夜举行礼拜仪式直至礼拜天。在巴尔特眼中,尼特里的隐修模式是一种非常灵活的模式,由于在个人孤独修行与修行者聚会活动之间,达到了一种平衡,因此他将尼特里隐修方式看作个人节奏的早期典范。

在体制化的聚居修道占据统治地位以后,仍然还体现出明显"个人节奏"特征的一个罕见修道群体,是"波尔-罗雅尔的隐遁者"(les Solitaires de Port-Royal)。波尔-罗雅尔全称为波尔-罗雅尔修道院(l'abbaye de Port-Royal),地处巴黎西南方向的舍弗勒斯山谷,始建于1204年,最初是一座西铎修道会(l'ordre de Cîteaux)的修女院,17世纪巴黎的波尔-罗雅尔修道院建成，修女们迁往巴黎，一批出身贵族或富裕家庭的修道者遂到此隐居，自愿奉行苦行隐修生活，史称"波尔-罗雅尔的隐遁者"，其中著名者包括安托瓦纳·勒迈斯特、安托瓦纳·阿尔诺和剧作家让·拉辛。波尔-罗雅尔的隐遁者们均为贵族或富裕的上层家庭出身，巴尔特据此指出，在文化修养程度上，比起聚居生活的修道士，选择个人节奏的修道士一般具有更高的文化知识。

该团体组成于 1637 年夏天，尽管成员们都是冉森教派的坚定信徒，但是完全摒弃了教会体制，不遵循任何既有的基督教规定，既没有信教的公开声明，也没有任何形式的发愿，没有服饰上的规定，甚至也没有像样的房屋，只是分别栖身于修道院周围 12 处简陋的隐修居所。令巴尔特感兴趣的是，这些隐遁者们不属于任何教会组织，他们加入这个团体的根本原因是为了友情，而不是为了达到个人修行的完善，换言之，这是一群根据日常和普遍的自由原则而自愿共同生活的朋友。因此巴尔特强调："他们中间不存在体制性关系"，也就是不存在任何等级关系、从属关系、权力关系。他特将这种共同生活模式构成的区域称作"独居修道者的群居地"。① 在他看来，独居隐修者并不一定就是某个离群索居的人，事实上，一批独居隐修者所分散居住的那片区域，才最好地体现了个人节奏的领域，正如阿托斯山所代表的典型修道方式一样。

然而，正如前面已经提到的，到了 11—12 世纪，独居隐

---

① Roland Barthes，*CVE*，p.100.

修方式大都被体制化的聚居修道方式所整合,独居隐修者也被纳入神职人员体系。官僚体制(教会)实现了对边缘者、个人节奏修道者的管控。巴尔特不无遗憾地提到,尼特里独居隐修者后来因为帕科姆聚居修道模式的出现而消失;波尔-罗雅尔的"隐遁者们",因为这座修道院本身的边缘性,最终也被权力所摧毁。自从体制化的聚居修道模式在西方占据统治地位以后,基督教的修道制度就始终是反对个人节奏的。所幸的是,在巴尔特看来,亚洲佛教区域的某些地区,依然还保留着"个人节奏"的修行方式,其典型代表就是他所欣赏的锡兰(Ceylan)佛教徒。

  关于锡兰佛教徒的修行方式,巴尔特主要参阅的是两部著作:1. 安德烈·巴洛(André Bareau)撰写的《锡兰现代佛教团体的生活和组织方式》;2. 安德烈-让·费斯提日耶尔(André-Jean Festugière)撰写的《东方僧侣》。锡兰的佛教寺院一般规模较小,寺内住有十来个僧人,外加几个杂役。僧人之间没有西方聚居修道院的那种等级关系,每个僧人有自己的房间,各自专心诵经修行,日常生活中的各种琐事则交由杂役完成。巴尔特注意到,与这种修行方式相比,西方的聚居修道院普遍存在等级制度,即使是在相对宽松的夏尔特修道模式里,修道士也是有等级分层的,前面提到过,普通修士居住在夏尔特山谷的低处,他们要从事农业耕作和手工艺生产,而神甫们则居住在山谷高处的修道院,无须从事农业耕作,每个神甫都有自己的单独住所,即一栋两层的小房子,房前还有一个小花园,这些都是普通修道士无法享受的特权。①

　　锡兰僧侣奉行简朴的生活,这一点和所有佛教徒相同,但他们并不刻意追求极度清贫的苦修。锡兰的现代佛教寺庙里,僧房的布置较为舒适,甚至有些奢侈:有睡床、坐垫、小被单、精致而干净的白布、书案、放有几册书籍的柜子,甚至还有收音机。这是一种伊壁鸠鲁式的享乐主义修行:东西不多,但是精致。巴尔特颇欣赏这种具有基本舒适度的僧房。不过更重要的是,在他看来,锡兰寺庙没有剥夺僧侣的个人空间,没有强行要求所有人过着步调完全一致的共同生活,每个僧侣在自己的僧房内保持着属于自己的一方清静空间,避免了聚居式修道的困扰。②

　　由此他区分了宗教修行的两类主要方式及其目的（télos）。对于基督徒来说,以聚居修道院为代表的集体修行或共同生活,乃是通向完德（perfection）和神圣（sainteté）的途径,因为集体修行可以有效减少各种偏离常规的怪诞倾向,减少个人可能出现的狂热情况（délire）。然而这种集体生活往往意味着等级权力的出现,及其对个人的控制。与此相对,巴尔特提到的佛教,主要是锡兰（斯里兰卡）的南传佛教（小乘佛教）,以自度（个体解脱）为修行目的,主要修行方法是禅那（静虑）,而这种静修只能通过个体的实践才能得以实现。因此之故,锡兰僧人的修行方式在巴尔特眼中,非常具有个人节奏色彩。一方面,每个僧人都有自己独立的僧房,也就是个人生活的空间和修行节奏,从而避免了聚居式修行

---

① Roland Barthes, *CVE*, p. 102.
② Ibid., p. 89.

对个人静修的干扰;另一方面,他们又没有走向自我封闭、孤独苦修的极端,而是以较小规模的人数,共同居住在某个寺院里,保持着修行者之间的基本联系,以及同道者的某种共同生活。锡兰佛教徒的这种"柔性"修行方式,在巴尔特看来是与基督教会统制型(le dirigisme)组织原则相反的更为灵活、更尊重个体自由的东方模式。

6. 个人节奏的基本要素

与个人节奏相对的是统一节奏,或曰步调一致。巴尔特为此特别列举了一个他亲眼目睹的情景:

> 1976年12月1日,我从自己家的窗户,看见街上有一位母亲一边推着一辆空的小推车,一边拖拽着一个小孩前行。她的步伐坚定,男孩被她拖着,跌跌撞撞,一直被迫在跑……她是按照自己的节奏在走,不知道孩子的步伐跟她的不一样。然而,她却是那孩子的母亲!权力——不易觉察的权力——此刻表现为节奏的异常或差异。[①]

类似的情景,在现实生活中可谓司空见惯,其有意思的地方在于,母亲对孩子的拖拽,以及由此导致孩子跌跌撞撞地被迫跟跑。母亲也许并未意识到,即使意识到,也可能早已习以为常,不会觉得有什么不当。母子之间尚且可能如此,那么推而广之,一切人际关系领域都有可能存在着类似

---

① Roland Barthes, *CVE*, p. 40.

情况。聚居修道要求实行完全意义上的共同生活,所有成员的步调完全一致,无论是作息时间、饮食起居,还是集体举行各项宗教活动。巴尔特用"鱼群"来比喻这种聚居共同生活的状态:"紧密的、大规模的、一致的聚集,大小相同,颜色相同,甚至经常连性别都相同,朝着同一个方向,彼此之间距离相等,行动同步。"在这样的"鱼群"里,个体实际上已不复存在,它已完全融入一个整体,与之相应,个体的独立存在价值、个体的自由也都无从谈起。

相对于这种极端的共同生活模式,阿托斯山部分修道士的"个人节奏"模式显然要灵活、自由许多,在很大程度上保留了个体空间和个体自由。根据雅克·拉卡里埃尔的介绍,每个修道士都获准可以按照自己个人的生活节奏生活,每个人选择参加修道院各项劳动的情况也差别很大,有的修道士甚至可以选择完全不参加劳动。礼拜仪式方面,不存在任何的约束,除了子夜祷告和几个重要节日以外,是否参加礼拜仪式由每个人自由选择。关于斋戒与禁食也比较宽容,没有严格的规定,唯有每年一次的集体进餐,所有修道士都会参加,以此作为大家属于一个修行共同体的标志。①

事实上,与统一节奏/个人节奏相对应的还有另一组概念:集体权力与个体自由。无论是在巴尔特重点讨论的聚居修道制度中,还是在世俗领域的夫妻关系、家庭关系、团体关系等各种社会关系中,等级地位高的、权力更大的一方,无论出于何种目的或需要,凭借自己的等级地位或权力,将自己

---

① Roland Barthes, *CVE*, p. 68.

的意志、节奏强加于他人,为他人乃至所有人规定出某种统一节奏,由此而来的结果,自然是权力对于个体的控制,以及个体自由的被剥夺,对于巴尔特而言,后者恰恰殊为珍贵,他在《如何共同生活》中对于个人节奏的欣赏和推崇,原因盖源于此。我们不妨回顾一下他对这个问题的明确论述:"个人节奏……恰好是专横、无情的有规律节拍(步调一致)的对立面,因为,节奏(le rythme)一词,已经带有压制人的意味(不妨对照一下聚居修道士或者法伦斯泰尔成员的生活节奏:每隔一刻钟就必须参加一次集体活动)。"

在前面提到的母亲强迫孩子跟上自己步伐节奏的例子中,巴尔特准确指出了"统一步伐"的实质是一个权力问题,即权力不对等的问题。我们不妨再来看一下他的原话:"她(母亲)是按照自己的节奏在走,不知道孩子的步伐跟她的不一样。然而,她却是那孩子的母亲!权力——不易觉察的权力——此刻表现为节奏的异常或差异。"①正因为对统一节奏与权力之间关系的深刻洞悉,巴尔特多次提醒他的听众必须"思考权力与节奏之间本质上的同一性"问题。他一针见血地指出:"权力所强迫人接受的,首先就是某种(存在于一切领域的)统一节奏(生活节奏、时间节奏、思想节奏、话语节奏),而个人节奏所反对的,一直就是这样的权力。"因此巴尔特总结说,对于个人节奏而言,唯一不变的原则就是:坚持与权力之间的否定性关系,即坚持对权力的否定。

---

① Roland Barthes, *CVE*, p. 40.

巴尔特关于"个人节奏"的构想,具体会涉及一个团体的性质和人数问题。先说说性质。尽管他在课程中以许多宗教修行团体作为例证进行分析,但他本人更为关注的却是个人节奏在世俗生活中的可能性,即使在讨论宗教修道团体时,他最为欣赏的也是波尔-罗雅尔的隐遁者。前面我们提到,波尔-罗雅尔的隐遁者们均为贵族或富裕的上层家庭出身,比起聚居生活的修道士,这些选择个人节奏的修道士具有更高的文化修养,这一点可能是身为知识分子的巴尔特看重的原因之一。

不过在他眼中更重要的一点是,波尔-罗雅尔的隐遁者们不属于任何教会组织,他们加入这个团体的根本原因是为了友情,而不是为了达到个人修行的完善。这些为了友情而自愿生活在一起的朋友之间的关系是平等的,"不存在体制性关系",也就是不存在任何等级关系、从属关系、权力关系。简言之,与其说他们是一个修道团体,不如说是一个朋友团体。在憧憬他本人从未去过的希腊阿托斯山时,巴尔特想象中的景象也是与朋友生活在一起:

> 阿托斯山……提供了一种混合意象:地中海,露台,山脉……作为背景的是一片风景。我想象自己身处那里,在一个露台的边上,远处是大海,近处是白色的外墙,我拥有两个可以供自己和朋友居住的房间,也许还可以加上一间书房(类似于共同祈祷的场所)。[1]

在现实生活中,巴尔特也曾体验过某种类似于"个人节

---

[1] Roland Barthes, *CVE*, pp. 37—38.

奏"的共同生活,那便是他当选法兰西学院讲席教授之前,在高等研究实践学院(Ecole pratique des hautes études, EPHE)主持研讨课的经历。巴尔特于1960年进入这所学院,两年后被任命为"符号、象征与表象社会学"专业的研究导师。他在这所学院工作了近16年(1960—1976),直至1976年3月当选为法兰西学院讲席教授。高等研究实践学院起初设在索邦大学内,1966年迁至雷恩街44号。作为学院的研究导师,巴尔特除指导学生外,主要工作便是定期主持不同专题的研讨课,短则一年,长则两年。那段时间他著述颇丰,其中几部重要著作,如《符号学要素》《S／Z》和《恋爱话语片段》,都是在研讨课的基础上撰写而成的。从1962年起主持的几门研讨课,给巴尔特留下了美好的回忆。这些研讨课的规模一般不大,但参与者都是一批非常有才华的年轻人,其中包括托多洛夫、克里斯特娃、索莱尔斯、热奈特、贡巴尼翁、马尔蒂,此外,巴尔特本人的一些朋友也时常来参加研讨课,比如麦茨、多尔、比尔日兰、达维德等人。研讨课的气氛非常宽松自由,大家平等交流,愉快地探讨学术,每次研讨课结束后,大家就会到索邦广场的一家咖啡馆聚会聊天。研讨课既是一个学术工作圈,也成为一个朋友圈。[①]每到学年末,巴尔特都会邀请大家到学院对面的一家中餐馆吃一顿饭。毫无疑问,这是一种非常符合巴尔特个人节奏理想的"共同生活"方式。

由此还需要提到巴尔特对个人节奏团体理想人数的考

[①] Louis-Jean Calvet, *Roland Barthes*, Editions Flammrion, 1990, p.196.

虑,也就是一个团体要想维持良好的运行状态所应该具备的人数条件。关于这个问题,他参考了英国精神分析学家 W. R. 拜昂(Wilfred Ruprecht Bion,1897—1979)的《小型团体研究》一书,该书的法译本由法国大学出版社出版于 1965 年。按照拜昂提出的人际互动的容纳功能理论,一个团体的健康存在应该具备以下几个条件:1. 拥有一个共同的目标;2. 对团体自身的各种限度有明确意识;3. 具备接纳或失去成员的能力(也就是灵活性);4. 内部不存在界限严格的更小团体;5. 团体中的每个成员都是自由的,同时对于团体又是重要的;6. 一个团体至少应该有三名成员,因为这样才能构成人际关系(三人为众),而两个人构成的只是个人关系。

  拜昂所说的这几项条件,巴尔特显然都深以为意。至于最后一项人数,拜昂只提到了最低要求。问题在于,是否也存在某种上限的要求?尤其对于按照个人节奏共同生活的群体而言,人数规模是否可以不受限制?为此巴尔特回顾和列举了几个有代表性的例子:首先是阿托斯山南侧零星分布的个人节奏修道群体,其构成方式包括两种基本类型:1. 靠近一座小教堂居住的小群体,通常由四五名隐修士和一位长者组成;2. 靠近一座修道院居住的小群体,人数大约是 12 个。第二个例子是锡兰的佛教寺院。前面提到过,根据安德烈·巴洛在《锡兰现代佛教团体的生活和组织方式》一书中的介绍,锡兰的寺院一般规模不大,一座寺院通常住有 10 来个僧人,具体提到的一次是 12 人。除此以外,对于个人节奏团体而言,巴尔特还列举了现代"类嬉皮士"群体的例子。在 20 世纪六七十年代的西方文化语境中,普遍出现过对社会乌托邦的憧憬与实践,美国的嬉皮士群体平均有 20 至 30 人,法国类似群体的人数则大约是 15 人。巴尔特认为,尽管与聚居修道院相比,这些类嬉皮士群体的人数已经非常有限,但在他看来仍然"过多"。他直言不讳地表示:"我认为最佳人数应该低于 10 人,甚至低于 8 人。"①

为什么巴尔特如此在意个人节奏群体的人数问题,乃至做出非常具体的限制?对此他没有做出进一步的解释。如果我们通读他的这门课程讲稿,大致可以看出他的解释其实已经包含在不言而喻中。前面提到过,他心目中理想的个人节奏群体,在性质上应该是一些志趣相投的朋友,这种性质本身已经决定了群体中的人只能是单纯的、小规模的,因为我们很难想象一个真正的朋友群体会人数众多、规模庞大。此外,按照拜昂提出的原则,一个良性的团体内部,不应该存在界限分明的更小团体,而团体人数一旦过多,内部出现更小团体几乎是必然的。

同样是按照拜昂的原则,团体中的每个成员应该都是自由的,同时对于团体又是重要的,一旦人数过多,这个原则也很难得到保证。一方面,人数过多势必造成团体内部人际关系的复杂与混乱,而混乱要么导致团体的存在难以维系,要么导致管理和控制机制的出现,势必出现某种强制性的纪律要求,这与拜昂提出的"每个成员都应该是自由的"这一原则必然产生冲突。

另一方面,人数的众多、人际关系的复杂,必然导致成员

---

① Roland Barthes, *CVE*, p.178.

之间不再可能处于平等地位,因为管控需要(维持纪律和秩序需要)而掌握某种权力以及相应等级地位的成员,对于团体而言必然会具有更大的重要性;与之相反,其他不掌握权力、不具有相应等级地位的成员,在团体中自然不具有重要性,这与拜昂提出的"每个成员对于团体都是重要的"这一原则,也必然出现牴牾。因此即使不明确限定个人节奏团体的最佳人数,巴尔特也提出了一个相关的原则:"人数的比例(限度)乃是个人节奏群体的关键所在:应多于严格意义上的独居修行,又少于聚居修道院的人数。"①

除人数的限定外,个人节奏群体的良性存在还取决于一个关键前提:个体之间的必要距离。在课程讲稿中,巴尔特专门列出过一个"形象例证":鱼群。他注意到,在那些即使最拥挤、最无个体性、最具群栖性的动物群里(例如鱼群、鸟群),也必须保持必要的个体间距离(distance inter-individuelle),或者叫临界距离(distance critique)。个体之间一旦打破这个临界距离,就会发生冲突和危机。②如果群栖性的、统一节奏的动物群中间也必须保持临界距离,那么对于人际关系而言,尤其是巴尔特所憧憬的个人节奏群体而言,这种临界距离无疑就更为重要,为此他专门写下了这样一段话:

> 这大概就是"共同生活"最为重要的问题:确定并保

---

① Roland Barthes, *CVE*, p. 66.
② Ibid., p. 178.

持住临界距离……在当今世界(工业化的消费社会),这个问题变得尤其尖锐,因为在今天,宝贵的、绝对的财富,就是空间。无论是在独栋住所、公寓套房、火车上、飞机上、课堂上、研讨课上,堪称奢侈的便是自己的周围能有一点空间,也就是能有"某几个人",但是为数不多,这便是个人节奏性的典型问题所在。①

艾尔曼·帕雷曾专门分析过巴尔特所珍视的个人空间问题。在后者所描述的鱼群意象中,虽然密集的个体之间保持着某种距离,但这种距离已经处于临界状态,这种临界距离对于鱼群也许是合适的,但对于共同生活的人群来说则无疑缺乏透气性(l'aération),并由此造成窒息感。人类群体内部的个体之间,显然需要更多的距离和空间,无论是身体的还是心理的。基于对阿托斯山个人节奏生活的想象,巴尔特曾描述过他所憧憬的"身边环境"(proximité),即个人空间。艾尔曼·帕雷概括并列举了对于巴尔特而言理想的个人空间应该具备的要素:恰当的距离(以保证透气性)、简陋的小屋、属于个人的卧室、单独的居所、桌子、床头灯,以及目光能亲切看到的私人空间、领地、巢穴、壁橱,总之,一个"透气性"和私密性良好、简陋但舒适的安乐窝。②

撇开现代社会所特别重视的个人隐私这个话题的法律和社会学维度不说,距离在人类生活中还具有一种更为深刻的哲学意义。为此巴尔特特别引用了尼采在《偶像的黄昏》

---

① Roland Barthes, *CVE*, pp. 178—179.
② Herman Parret, *La saveur dans les Cours au Collège de France*, in *Roland Barthes en Cours*, Editions Universitaires de Dijon, 2009, p. 25.

中所作的相关论述:距离是一种价值,而不应该被简单看作是矜持所致的小气或斤斤计较。在《偶像的黄昏》中,尼采将距离看作是一种重要而且罕见的价值:"……人与人之间、阶层与阶层之间的鸿沟,个性迥异的多样性,希望保持自我、与众不同的愿望,这种被我称作距离情感(pathos des distances)的东西,乃是一切强大时代的特征。"①尼采这段话道出了距离最为本质的所在:它之所以被视为"一切强大时代的特征",说到底是因为它能够保护个性迥异的多样性,保护每个人希望保持自我、与众不同的愿望,而这种珍视自身个体性和独立性的意愿,乃是人之为人的天性或本质所在。正是在此意义上巴尔特说:"共同生活,尤其是个人节奏性质的共同生活,意味着一种共居主体(sujets cohabitant)之间的距离伦理学……这无疑是共同生活的根本问题,也是本门课程的根本问题。"

如果说到此为止巴尔特关于距离的论述都不难理解的话,那么接下来他引入的身体、欲望和情感(affect)的概念,由于牵涉到他个人从精神分析学角度对欲望(désir)和情欲(Eros)所做的阐释,也就是说脱离了日常话语体系,因此会显得比较晦涩。艾尔曼·帕雷注意到,巴尔特所说的距离,既是社会心理学、伦理学和哲学意义上的,同时也是精神分析学意义上的:人与人之间之所以要保持一定距离,这个问题与身体以及人对身体的欲望有关。具体的例证仍然可以在宗教修行者的共同生活中找到,那就是修道院关于身体距

---

① Friedrich Nietzsche, *Le Crépuscule des idoles*, in Roland Barthes, *CVE*, p. 179.

离的严格规定。例如,帕科姆修道院禁止两个修道士睡在同一个房间。圣-伯努瓦修道院规定每个修道士单独睡觉。"最年轻的修道士睡觉时绝不能床挨着床,他们之间必须睡有年长的修道士作为隔离。"此外帕科姆修道院还详细规定:"任何人都不得替他人的全身涂抹圣油……除非是为了治病。任何人都不得全身赤裸地在水中沐浴。……任何人都不得在黑暗中与另一个人交谈。任何人都不得拉住另一个人的手,无论静止不动时,还是在走路时,都应该始终与另一个人保持一肘的距离。"

修道院为何如此重视身体之间的距离?原因很简单:即使在同性的修道士之间,也可能产生"对身体的欲望",然而基督徒修行的唯一目的在于侍奉上帝以获得拯救,为此必须保持肉体和精神上的纯洁,于是禁欲成为一种普遍原则,由此产生了巴尔特所说的"贬低身体的意识形态",在他看来,"身体之间的距离规则,就是引导欲望精神化的预防性规则"。然而对于世俗知识分子巴尔特个人而言,身体(以及对于身体的欲望)不仅是正当的,而且具有一种存在论的价值:"他人的身体(他者的身体)令我迷乱。我会产生欲望,我会感觉到欲望的能量以及欲求之不得,我会进入让我精疲力竭的欲望策略之中","灭掉了对他者、对他人的欲望,我也就灭掉了生存的欲望。要么他者的身体不会让我迷乱,要么我永远不能触及他者。然而这么活着还有什么意义?这个悖论是个死结"。巴尔特对于身体的迷恋,我们可以在他两年多后写下的日记里找到明确的佐证。这些日记写于1979年8月24日—9月17日,巴尔特去世后,由瑟伊出版社以《巴黎之夜》作为标题,收入 1987 年出版的《偶发事件》一书,在此不做赘述。

然而在距离问题上,巴尔特显然既非一味强调近,亦非一味强调远,而是强调恰当、分寸,也就是在他对待包括距离在内的诸多问题的一项基本原则:"得体"(la délicatesse)。后来在第二门课程的讲稿《中性》里,他用了近 9 页的篇幅专门阐发这一原则。在巴尔特心目中,"得体"是与距离密切相关的"另外一种价值"。一个待人接物得体的人,自然懂得距离的意义,也就懂得与他人之间如何保持恰当的距离:"得体意味着:距离和尊重,人际关系中没有负担,然而又是积极热情的。得体的原则也许是:不操纵、不摆布别人。"①这里占第一位的原则是对他人的尊重,在此前提下又需避免因为尊重而导致疏远乃至冷漠。无论在具体的距离问题上还是在更大的个人节奏问题上,真正的问题都在于避免走向任何一种极端:过于疏远的距离会导致人际关系的冷漠与个体的孤独;过于密切的距离则会导致人际关系中的负担和缺乏尊重,甚至对他人的(或者反过来被他人所)操纵、控制。而"得体"的原则,就是在两个极端之间找到某个恰当的距离,达到某种微妙的平衡。

7. 个人节奏与乌托邦

我们还记得,无论在《就职演讲》中还是在《如何共同生

---

① Roland Barthes, *CVE*, pp. 179—180.

活》中,巴尔特都开门见山地告诉他的听众:他的每一门课程都出自他个人的一个幻想。在这门课程结束后他提交给法兰西学院的"课程概要"中,他再次明确表示他所说的幻想就是一种乌托邦:

> 我们的愿望,是将个人节奏型共同生活的各种变化形式与一种乌托邦加以对照,在此过程中强调这类团体参与者的最佳人数(最多十来个人),以及调节团体内人际关系所必需的关键距离。①

正是在此意义上,他给这门课程加了一个副标题:"几种日常空间的小说性模拟"。按照巴尔特的授课计划,这门课程一共分为十三讲,最后一讲的原定计划是:在课堂上尝试建构一种个人节奏式共同生活的乌托邦,因为这门课程就始于这个幻想。但巴尔特最终打消了这个设想,第十三次授课没有完全按原计划的方式进行。除了来不及收集听众参与讨论的发言稿以外,巴尔特坦承他个人"缺乏建构一种幸福乌托邦的愉快干劲";此外还有一个理论上的原因:个人节奏式共同生活的乌托邦不应该是一种社会性质的乌托邦,可是从柏拉图到傅立叶,一切书写下来的乌托邦又都是社会性的:都是在寻找对权力加以组织的某种理想方式。

就巴尔特个人而言,他感到遗憾的是没有一种家庭式的乌托邦,为此他常常想要将其书写出来,对他来说那才是一种理想的方式:用形象来表现、预言主体与情感、与象征之间

---

① Roland Barthes, «Résumé du cours Comment vivre ensemble», in *Œuvres complètes*, tome V, p. 363.

的良好关系。问题在于,那样的书写已不是一种纯粹意义上的乌托邦,"而只是……用形象的方式对至善(Souverain Bien)的找寻"。然而巴尔特意识到,至善——对至善的形象表达——需要调动起主体个人的全部广度和深度,也就是个人的全部生平历史。因此,"也许唯有某种写作、某种小说行为(或者说就是一部长篇小说),才能说清这一切。唯有写作能够接纳极端的主观性,因为在写作中,表达的间接性(指形象、隐喻的间接方式——笔者注)与主体的真实性之间能够和谐一致。如果用口头表达(也就是在我们的课堂上),这种和谐一致是难以实现的,因为口头表达……总是既直接,又有表演性质。我写的《恋爱话语片段》也许在内容上不及(为该主题举行的)研讨课丰富,但是我认为书写比研讨课更为真实。"在考虑撰写一部关于"如何共同生活"的著作之前,巴尔特只能局限于课堂上的口头表达。此外,由于阿托斯山的个人节奏模式已不复存在,作为对这两种遗憾的补偿,他在备课卡片的第280页提到了一种现实的存在:"就乌托邦式的共同生活而言,最佳模式是锡兰的佛教僧侣。"①

"如何共同生活"这门课程的"幻想"性质、乌托邦性质,很自然地牵涉到一个根本问题。在四门课程讲稿的出版总序里,埃里克·马尔蒂揭示了这个隐含于这门课程始终的问题:"个人节奏团体(le groupe idiorrythmique)可能存在吗?"在马尔蒂看来,巴尔特的答案显然是否定的,而且这种否定性其实始终存在,仿佛从课程一开始就已经否定了课程要研

---

① Roland Barthes, *CVE*, p. 177.

究的对象。仿佛说到底,这种否定性本身才是这门课程真正的研究对象。①巴尔特清楚地意识到他关于个人节奏的幻想必然隐含着一个悖论,对此他曾经作过两次方向相反的阐述,其中第一次更像是一种隐喻。人为何要共同生活?当然是为了避免孤独,但对于巴尔特而言,共同生活的价值只存在于某些特定的隐喻时刻:

> 晚祷(complies)是个美好的主意。一群人依靠聚在一起的勇气去对抗黑夜的降临(设想一下:在某处非常偏远的乡下,没有灯光,夜晚的降临的确是一种黑暗的威胁)。共同生活:也许仅仅是为了共同面对傍晚时分的忧愁。成为局外人是无法避免的、必要的,除了在夜幕降临的时候。②

在相反的方向上,巴尔特也写下过一段关于共同生活的思考:对于真正的知识分子而言,"当某种语言、某种学说、某种思想运动、某些立场构成的整体在我们周围……开始形成、固化、结晶(凝结),成为由习惯、默契、方便构成的一大团密实堆积体(用语言术语说:一种社会方言),我们就会产生'局外居住'(希腊语:Xéniteia)的冲动:到别处去,以便生活在一种智力流浪的状态中"③。"到别处去,以便生活在一种智力流浪的状态中",尤其是当某种意识形态成为集体性的、对个体产生压迫的时候,这便是作为知识分子的巴尔特从一

---

① Eric Marty, «Avant-propos», in Roland Barthes, *CVE*, p. 11.
② Roland Barthes, *CVE*, p. 176.
③ Ibid., p. 175.

开始就坚持的基本立场。这个立场与"共同晚祷"所构成的悖论,可以看作他对"如何共同生活"的潜在回答。

在《悬置事件,热爱边缘——巴尔特所理解的孤独》一文中,萨比娜·伊伦(Sabine Hillen)如此概括了个人节奏的乌托邦性质以及巴尔特希望用于表述这种幻想的话语类型:

> 关于个人节奏,巴尔特知道他的这个梦想具有乌托邦性质,然而他认为这个梦想应该被表达出来,不仅通过语言,而且通过某种程度上的现实实践。在语言层面,个人节奏应该成为一种从孤独的独白转变为对话的语言,这种对话隐含着作者与读者、说话者与听者。①

"如何共同生活"这门课程始终围绕着一个中心话题展开:我应该和其他人保持何种程度的距离,才能和他们一道,建立起一种没有异化的社会关系,保持一种没有放逐感的个体独立?巴尔特在课程中并没有给出答案,他所提到的原因有很多个:生机活力的缺乏,想象一种以自身为目的的"个人节奏生活"殊为困难,一切乌托邦都必然会有的集体维度,此外他还意识到,只有以写作方式才能实现"幻想"。②这门课程是继拉伯雷《巨人传》中的"德廉美修道院"之后,对个体与群体和谐相处模式的一次新探索。在巴尔特的课程中,与此相反的有两种反面模式,一个是没有个体自由和恰当距离的配偶模式,另一个是冷漠或具有攻击性的群体模式。在这两种

---

① Sabine Hillen, «Suspendre l'événement, aimer la marge. La solitude selon Barthes», in *Roland Barthes en Cours*, Editions Universitaires de Dijon, 2009, p. 120.

② Claude Coste, «Préface», in Roland Barthes, *CVE*, p. 28.

模式以外,巴尔特尝试探索一种更为柔和的、有分寸的人际关系伦理,让地理空间和人际空间融合在一个保持恰当距离的环境中。这种关于距离和个人生活空间的辩证关系,能够帮助我们更好地理解巴尔特提出的一种得体、有分寸的伦理学:"得体意味着:距离与尊重;人际关系中没有负担,但同时又具有一种炽热的温度。这其中的原则应该是:不去支配某个他人、某些他人,不去操纵摆布,主动地拒绝显示自己的存在形象。"①

---

① Roland Barthes, *CVE*, pp. 179—180.

第三章

中性

1. 二元范式

巴尔特在第二门课程中所要讨论的"中性"概念来自于语言学,是一种语法类型。① 在结构语言学上,叶尔姆斯列夫(L. Hjelmslev),尤其是布隆达尔(V. Brøndal)和一些语音学家提出了三组关系:A/B(对立关系),A+B(联合关系),ni A ni B(非 A 非

---

① Roland Barthes,《Résumé du cours Le Neutre》, in *Œuvres complètes*, tome V, pp. 531—532.

B),其中第一组关系被称作"范式"(paradigme),而"中性"概念,主要就是针对"范式"概念提出的。在音位学(phonologie)里,所谓范式是指两个虚拟项之间的对立(差异)关系,其基本功能在于制造意义。巴尔特以法语为例:辅音[l]和[r]的差异,造成 je lis(我阅读)不同于 je ris(我笑)。然而在日语里却不存在[l]和[r]之间的差异关系,只有一种介乎两者之间的模糊发音(按:属于巴尔特所说的中性概念),因此没有范式可言。再如,法语辅音[s]和[z]的差异导致了 poisson(鱼,第二音节辅音念[s])的词义迥然有别于 poison(毒药,第二音节辅音念[z]),进而导致 Je mange du poisson(我吃鱼)和 Je mange du poison(我吃毒药)这两个句子完全不同的含义。① 以上是音位学的例子,此外还可以举语义学的例子,例如"白"与"黑"的对立关系。换言之,从索绪尔的角度看(对于此处所讨论的问题,巴尔特依然忠实于这一角度),范式乃是意义产生的原动力,意义依赖于冲突(即在两个虚拟项中做出取舍),而一切冲突都是意义的发生器:取一项而舍一项,总是为了迎合意义,制造意义,使其被用于消费。

除 A 和 B 的前两种关系之外还存在着第三种关系:既非 A 亦非 B(ni A ni B)。早在《写作的零度》(1953)一书里,巴尔特就已将这第三种关系称作"零度"或"中性"。② 25 年后,他在课程讲稿《中性》中将其明确表述为:无定性的、中性的

---

① Roland Barthes, *Le Neutre*, p. 31.
② 巴尔特:"我对于'中性'的执着情感,实际上从《写作的零度》时期就已经开始了。"Roland Barthes, *Le Neutre*, p. 33.

结构项(音位学上的中性化),或者叫作零度。奥古斯托·蓬兹沃为此专门研究了《写作的零度》与《中性》的内在联系。他注意到,巴尔特关于中性的思考,始见于1953年出版的《写作的零度》。巴尔特在那部著作中提出的"白色写作""写作的零度""中性写作"的概念,与后来他在法兰西学院课程中深入研究和阐发的中性概念遥相呼应。具有中性属性的写作在语言结构与文学和文体之间,扮演了一个中介的角色。巴尔特曾说:"在语言结构与文体之间,存在着另一种形式上的现实(réalité formelle),那就是写作。相对于耗损各种表达方式以达到明确影响目的的口头表达而言,写作植根于一种超出语言的层次。"①零度写作,就是要超越传统意义上的、大量使用修辞手法的文学,而将自己托付给一种基本的语言结构。这种中性写作既远离日常语言,也远离传统的文学语言,它的基本特征体现为修辞和文体的消失。在中性写作中,人类所面临的问题以不带色彩的方式被发现和呈现出来。通过中性写作,文学重新成为一个语言问题,成为"语言的乌托邦"(l'Utopie du langage)。关于中性与写作、文学(la littérature)以及"文学符号学"之间的关系,我们将在讨论巴尔特后两门课程时作专门分析,这里暂不赘述。

  回到巴尔特的出发点:对语言学中范式概念的描述。"范式乃是意义产生的原动力。有意义之处便会有范式,有范式(对立)之处,便会有意义。"②正是基于对语言学中的范

---

① Augusto Ponzio, «Le Neutre et l'écriture ante litteram», in *Roland Barthes en Cours*, Editions Universitaires de Dijon, 2009, p. 132.
② Roland Barthes, *Le Neutre*, p. 31.

式的思考,巴尔特完善和发展了"中性"的概念:从结构上创造和强调一个第三项,借助其对范式那不可避免的二元制进行解构、取消或者阻挠。这便是巴尔特研究中性概念的缘起。为什么要专门用一门课程来讨论"中性"问题?因为巴尔特所理解的中性虽然是由语言学出发,但并不局限于语言学范畴,而是广泛涉及意义、思想、意识形态,乃至现实生活中的人际关系和伦理学问题。中性的重要意义就在于,在巴尔特眼中,它是用于消解范式思维的一种重要思维方式。课程讲稿中的以下这段话,有助于我们理解巴尔特是在何种范围内、何种意义上探讨中性的丰富内涵:

> 我们探讨中性概念的目的,当然不是针对某一具体学科而言。我们所探索的中性概念广泛存在于语言、话语、动作、行为、身体等领域。不过,由于我们所说的中性是相对于范式、冲突、选择而言的,因此我们思考的一般领域应该是伦理学,即关于"好的选择"(善的选择)的话语。

更为重要的是,在巴尔特的心目中,有关中性的思考具有重要的现实意义:"之所以说我们思考的一般领域是关于伦理学的,是因为伦理学问题总是无处不在。对于我而言,关于中性的思考,乃是身处当今的斗争时代,一种自由寻找自身存在风格的方式。"奥古斯托·蓬兹沃很好地解释了源自语言学的范式问题和中性概念,为什么在巴尔特心目中会具有广泛和丰富的内涵:由于语言无所不在,因此语言结构所强加给人的范式也无所不在,正如寄生于语言结构中的权力也无所不在一样。这就是为什么中性主要针对和要消解的,便是语言中的二元范式:是／否,以及这种范式所天然包含的、存在于各种领域的武断与傲慢。①

2. 双重随机性

巴尔特讨论中性概念的以上目的,也解释了他为这门课程开列的参考书目,为何会广泛涉及语言学、神学、哲学、科学、文学等众多领域,以至于托马·克莱尔将其称作"互文性文本"。为了揭示中性概念的丰富内涵,巴尔特在这份参考书目中将涉及各种可能性、各种潜在方向的文献都汇聚在一起,其中包括许多看似关系不大的作者:皮浪、帕斯卡尔、卢梭、约瑟夫·德·迈斯特、托尔斯泰、波德莱尔、米什莱、普鲁斯特、布朗肖、约翰·凯奇、德勒兹、拉康。此外他还开列了两部论述中国道家思想的著作,一是亨利·马斯佩罗(Henri Maspero,即著名汉学家马伯乐)《关于中国宗教与历史的遗作汇编》的第二卷《道家思想》(巴黎,吉美博物馆出版,1950);二是让·格勒尼耶(Jean Grenier)所著的《道家的精神》(巴黎,弗拉马利翁出版社,1973)。②

和第一门课程一样,巴尔特为第二门课程也准备了一系列的"形象例证",或叫"特征",这次的数量为 23 个。围绕"中性"主题,巴尔特列举的主要特征包括:善意、疲惫、寂静、

---

① Augusto Ponzio, «Le Neutre et l'écriture ante litteram», in *Roland Barthes en Cours*, Editions Universitaires de Dijon, 2009. p. 140.
② Roland Barthes, *Le Neutre*, p. 27.

得体、断言、形容词、意识、回答、习俗、冲突、退隐、傲慢、无为等。这一次他更加重视特征排列的偶然性或随机性。要理解他在这个问题上的用意,我们不妨回顾一下他在第一门课程中的有关说明。我们还记得在第一门课程的讲稿《如何共同生活》中,他借助于拉丁字母表本身的随机性,对 32 个特征按首字母进行排序,对此他解释说:"因为字母表的顺序本身没有任何逻辑意义可言,不受制于任何逻辑性的虚构。"①

我们曾经指出,这里有两点值得注意:第一,巴尔特想要避免的不是随机呈现的意义,而是"逻辑意义",也就是为了某个表达目的、按照某种人为的逻辑安排而制造出来的意义;第二,巴尔特将逻辑意义视为"逻辑性虚构"的结果。它以真理的面目呈现,然而与真理没有任何天然联系。人为预设的逻辑安排,使得逻辑意义具有内在的独断论性质,和强迫他人接受的控制意图,它排除了多元结论、多元意义存在的可能。从这一点上说,它与权力却有着天然联系,这正是巴尔特对其保持高度警惕的原因。一言以蔽之,巴尔特之所以如此强调偶然性,其目的就在于消解人为制造的逻辑意义,防止意义固化、进而成为"主义"或"真理"。

特征排列的偶然性还会导致与之相应的片段写作,即没有连贯性、没有人为逻辑性的写作方式。这是一种我们在阅读巴尔特著作时已经熟悉的话语类型:《S／Z》《符号帝国》《罗兰·巴尔特自述》《恋爱话语片段》,都是采用这种文体。与片段写作相对的是论述文(dissertation),即按照人为预设

---

① Roland Barthes, *CVE*, p. 181.

的逻辑、旨在表达一个预设意义的话语形式。对此巴尔特特别指出："人们一般意识不到这种排列的随机性有多么重要。然而片段(fragments)写作的关键就在于此。不妨想想,对于帕斯卡尔的《思想集》或尼采的《强力意志》这样的著作而言,以上问题所具有的尖锐性。"①

到了第二门课程的讲稿《中性》,巴尔特更加重视特征排列的偶然性或随机性。他对其中原因也作了解释:"偶然性。(我已论述过为何)不应该让意义形成,那么该以什么样的排序方式来罗列形象例证? 这对于我是一个老问题,每开始一项新工作时都会遇到,比如去年的课程就曾遇到,而今年课程要讨论的**中性**,乃是对意义的摆脱,因此上述排序问题就变得更为尖锐。"在课程结束后提交给法兰西学院的"课程概要"里,巴尔特对以上考虑作了简要说明:"我们随机罗列了二十来个形象例证,为的是不强加给本课程某种终极意义。"②为此他强化了《中性》里 23 个特征排序的偶然性。除了借助于拉丁字母表本身的随机性,对 23 个特征按首字母进行排序外,又加入了另一种方法:对按照首字母顺序的特征加以编号,然后打乱编号顺序再次随机排序,这样就使得特征的排序具有了双重的随机性。双重的随机性能更为有效地避免赋予课程以某种预先确定的逻辑意义,因为这种意义与巴尔特所要讨论的中性概念是相互矛盾的。③

---

① Roland Barthes, *Le Neutre*, p. 37.
② Roland Barthes, «Résumé du cours Le Neutre», in *Œuvres complètes*, tome V, pp. 531—532.
③ Thomas Clerc, «Préface», in Roland Barthes, *Le Neutre*, p. 15.

3. 非 A 非 B

"中性"课程的授课一开始,巴尔特在课堂上先后朗读了四篇文献的片段,无疑他希望这些片段能够预示与中性概念相关或相反的一些基本维度。第一个片段选自约瑟夫·德·迈斯特《关于西班牙宗教法庭写给一位俄国绅士的书信集》。令巴尔特着迷的约瑟夫·德·迈斯特的著作,代表的显然是"反中性"(l'anti-Neutre);第二个片段选自托尔斯泰小说《战争与和平》:在奥斯特里茨战役中因身负重伤而神志昏迷的安德烈公爵的内心独白:终于感受到安宁、寂静、休息。这些都是巴尔特为中性列出的特征;第三个片段选自卢梭《一个孤独散步者的沉思遐想》第二次散步的开头部分,巴尔特感兴趣的是这个片段所描述的意识状态的变化;对于中国读者而言,最有意思的是巴尔特所选的第四个片段:老子《道德经》的第 20 章:

> ……众人熙熙,如享太牢,如春登台。我独泊兮其未兆,如婴儿之未孩;儽儽兮若无所归。众人皆有余,而我独若遗。我愚人之心也哉!沌沌兮!俗人昭昭,我独昏昏;俗人察察,我独闷闷。澹兮其若海,飂兮若无止。众人皆有以,而我独顽似鄙。我独异于人,而贵食母。

该片段的法译本是让·格勒尼耶在《道家的精神》一书中转引的马伯乐译文,巴尔特在课堂上朗读这段文字,无疑是因为它涉及"中性"的几个特征:宁静、无为、疲惫、退隐。

它们预示了在巴尔特探索中性概念的过程中,道家思想将要发挥的重要作用。

在巴尔特列出的23个特征中,傲慢(arrogance)是具有代表性的特征之一。奥古斯托·蓬兹沃指出了傲慢这一主要特征的意义:作为中性的反题(antithèse),它能够很好地帮助说明什么是中性。在此前三年的1975年,巴尔特曾经接受过《文学杂志》的一次访谈。这次采访后来以《罗兰·巴尔特的二十个关键词》为题,收入《罗兰·巴尔特全集》第4卷,"傲慢"就是其中的关键词之一。巴尔特向采访他的让-雅克·伯劳希耶(Jean-Jacques Brochier)列举了三种类型的"傲慢":大众舆论的傲慢、科学的傲慢、意识形态积极分子(例如乔姆斯基)的傲慢。[1]从根本意义上说,傲慢首先存在于无所不在的语言之中,断言(affirmation)就是其基本形式:"这是这样的""那是那样的""这件事是这样的"。这类断言表述包含着"显而易见""理所当然",因而也就包含了傲慢。一个具有自省意识的人如果感觉到了他话语中的傲慢,往往就会有意识地减弱其断言的强度,换用较为审慎,也就是较为中性的表述方式:"我觉得""在我看来""依我之管见",虽然这些表达方式可能只是形式上的克制和自谦,并不能真正消除话语的断言性质,但它们毕竟在一定程度上使其有所减弱。安德烈·纪德在日记中写下的一句话,可以代表巴尔特在这里想要表达的意思:"现在每当我写一个断言性的句子,都想要加上'也许'一词。"

---

[1] Roland Barthes, «Vingt mots-clés pour Roland Barthes», in *Œuvres complètes*, tome IV, p. 856.

有语言的地方就有断言和傲慢,同样,有语言的地方就有权力,而且说到底,断言就是权力的具体表现形式。我们不妨回顾一下巴尔特在《就职演讲》中对语言与权力之间关系的那段重要论述:

> 权力(占统治地位的性欲)就在那里,隐藏在人们所说的一切话语之中,即便是从一个权力之外的地方说出的话语。所以,这种教学(指法兰西学院的教学)越是自由,就越是有必要思考话语在何种情况下、以何种方式能够摆脱一切控制他人的愿望。在我看来,这种思考构成了今天开始的本讲席课程的深层计划。①

同样是在《就职演讲》中,巴尔特仿照"Tout-Puissant"(全能的)一词,特意使用了一个首字母也大写的复合词"Tout-Pouvoir",意指"无所不在的权力",因为权力寄生于语言,而语言乃是无所不在的。作为世俗知识分子的巴尔特甚至特别强调:基督教会(如同神学和一切体制一样)从根本上说是依靠说话来维持的(宣讲,布道,祈祷)。路易十四时期的主教博须埃(Bossuet)曾说:应该使用词语来进行祈祷。

卡尔洛·奥索拉在《〈就职演讲〉的教谕》一文中指出,正是出于对权力和语言结构之间这种内在必然关联的反拨,巴尔特才会在法兰西学院的第二门课程"中性"里,专门讨论中性的问题,并提出了一系列与之相关的形象例证,旨在减弱

---

① Roland Barthes, «Leçon inaugurale», in *Œuvres complètes*, tome V, p. 430.

寄生于语言之中的权力和傲慢。①实际上,我们还能进一步看出巴尔特第一门课程"如何共同生活"与第二门课程"中性"之间的关联:它们是在以不同的方式、从不同的角度,思考和讨论如何将人际关系中、语言中无所不在的权力中性化(neutraliser),如何让语言表达不带有傲慢。②

除了指明中性的主要相反方向(傲慢、权力)之外,巴尔特还用更多的篇幅从正面对中性的内涵进行描述和阐释。他详细列举道:中性与以下领域相关:1.在语法上,中性意味着既非阳性,亦非阴性;既非动词的主动态,亦非动词的被动态;2.在政治上,中性意味着不选择任何立场;3.在植物学上,中性花是指那些性器官持续流产的花;4.在动物学上,是指工蜂,它们没有性器官,不能交配;5.在物理学上,中性物体是指不具有任何带电或导电性的物体;6.在化学上,所谓中性盐既非酸性,亦非碱性。

在指出中性所具有的普遍性的同时,巴尔特强调他所讨论的中性更多是属于伦理学范畴:

> 由于我们所说的中性是相对于范式、冲突、选择而言的,因此我们思考的一般领域应该是伦理学,即关于"好的选择"(善的选择)的话语。

而且,正如我们前面所指出的,巴尔特之所以专门用一门课程来讨论中性,是因为这个概念所涉及的伦理学问题对

---

① Carlo Ossola, «Leçon de la "Leçon"», in *Roland Barthes au Collège de France*(1977—1980), IMEC, 2002, p.24.

② Ibid., p.25.

于他以及同时代的知识分子而言，具有非同寻常的现实意义："伦理学问题总是无处不在。对于我而言，关于中性的思考，乃是身处当今的斗争时代，一种自由寻找自身存在风格的方式。"

我们不妨详细看一下巴尔特对"沉默"（silence）这个特征的描述和阐释：他首先区分了拉丁语中两个词的细微差别：*tacere* 指语言上的沉默，而 *silere* 的意思则是寂静（没有动静和声音），后者用于表达事物，例如深夜、大海、风。因此语言上的沉默（*tacere*）有别于大自然的寂静（*silere*）。巴尔特指出，沉默和寂静的细微差异已经构成了一个范式；而具体到话语领域，构成范式的则是沉默（silence）和言语（parole，个体语言或言语行为），这个范式非同寻常，它和权力（pouvoir）问题是联系在一起的，因而涉及话语权（droit à la parole）的问题。话语权以及与之相对的沉默权（le droit de se taire）无疑具有极为重要的现实意义，按巴尔特的说法，"这个问题依然占据着社会生活的前台。一方面是对话语权的要求，一方面对话语权的压制。然而在舞台的背后或深处，有另一种要求在试图让自己得到理解，那就是保持沉默的权利"。然而，保持沉默这个行为本身很难如我们所愿，保持在非 A 非 B 的状态，也就是中性的状态，因为它立刻就可能会被理解为某种意义。

为了更好地说明这个问题，巴尔特从符号学角度分析了音乐中的静默。这种静默有意思的地方在于，它并不是一个本意上的符号，因为它并不指向某个所指，它的存在就像是音乐演奏中某个乐器或某个声音的暂时中止。然而所有了解音乐的人都知道,在音乐中"静默与声音同样重要,它其实也是一种声音,甚至是一个符号"。这个符号化的过程让巴尔特感到惊讶,他承认从撰写《写作的零度》时期就令其念念不忘:被创造出来反对符号之物、被有意创造出来使其不成为符号之物,很快就被收编,成为了符号。

与音乐中的情况相类似,在话语中,如果我们加入空白(沉默),它们便至少包含了三种意味(所指):首先暗示了我之所想,其次代表了我之所言或未说之言,最后是他人所接受到的信息(因为我的沉默并不必然会被当作沉默来接受!)。为了说明沉默的意指化过程,巴尔特举出了培根在《科学的尊严》中讲述的一则轶事:一群希腊哲学家聚集在一位外国国王的使者面前,每个人都不遗余力地炫耀自己的智慧,以便这位使节回去向他的国王汇报希腊人的美妙智慧。然而他们中有一个人却一言不发(按照第欧根尼的说法,此人就是芝诺)。外国使节转向这位沉默的人问道:"您呢,您就没有任何需要我回去汇报的话吗?"这位哲学家答道:"请告诉您的国王,您在希腊人中间发现了一位懂得沉默的人。"巴尔特指出了这则轶事所包含的意指化过程及其悖论:"沉默只有在被人要求表达出来时,只有在附加上一句解释性的话语以赋予它意义时,才会成为符号。"①然而,上述悖论也许并没有那么复杂,沉默的意指化过程其实可能很简单:我们也许可以说,假如那位国王的使者不是那么愚钝的话,其实他自己就能猜出沉默所蕴含的意义,而且是多重含义:第一,

---

① Roland Barthes, *Le Neutre*, p. 55.

希腊人中间也有沉默的人;第二,这种沉默本身就是一种哲学话语;第三,其他那些人(我的竞争者们)不过是一些夸夸其谈的家伙;第四,我没兴趣跟你(使节)说什么;等等。无论如何,巴尔特不无失望地发现:我们本来想通过某种消解符号的东西(沉默),来回应独断论(沉重的符号体系),然而沉默本身却具有了一种意象,一种多少带有斯多葛派教义色彩的姿态:某种"智者的"、英雄的、晦涩的寓意。这就是符号化的必然性,它比个人做出的消解努力要更为强大。

由此巴尔特清醒地意识到,沉默作为一个能指,几乎无可避免地会对应于一个充满意味的所指:"它就仿佛是佛教托钵僧人手中的钵。对于接受到的施舍,僧人完全没有用语言表达过请求,真正表达请求的是他的沉默。在接受施舍后,僧人也不会说任何表示谢意的话。"[1]就托钵僧而言,与沉默相关联的所指包含了两层意思:第一,沉默就是请求;第二,这种请求是不失尊严的、自由的、居高临下的请求。如此一来,沉默甚至成为了一个范式的构成因素。这个范式的一方是保持沉默的人,另一方则是开口说话的人。

4. 既是 A 亦是 B

以上例子充分表明了要保持非 A 非 B 状态之难,也就是要保持中性状态之难:沉默本来是被假设作为一件武器,用来消解言语行为的各种范式(冲突)的。然而正如我们所看

---

[1] Roland Barthes, *Le Neutre*, p. 55.

到的,沉默本身会迅速固化为符号(被纳入了一个范式之中),因此,旨在回避范式的中性,又只能尝试去消解作为符号、作为体系的沉默本身。基于以上分析,巴尔特意识到只能谨慎地探索一种尽量避免被符号化的中性。现在他认识到:中性不应该被定义为持久的沉默,否则它就会带有体系化和教条色彩,变成一种肯定行为的能指。换言之,中性应该被理解为一种最低程度的语言操作,旨在将作为符号的沉默中性化。这样的思考让他懂得了古希腊哲学家皮浪(Pyrrhon)的明智:皮浪的立场是实用主义的、反体系化的。任何事物都不能过多,既不说"是",也不说"不",或者既说"是",也说"不"。既然说"是"或"不"都无关紧要,那么何必非要保持沉默,既不说"是"也不说"不",而不能打破沉默,既说"是"也说"不"呢?这是一种消解语言/沉默之对立范式的好方法:完全无所谓沉默或者说话,完全无所谓说一件事或一件与之相反的事。对于持皮浪观点的人而言,重要的是以上说话与沉默的游戏不能带有体系化色彩,也就是说不能为了教条式的说话,就制造出一种同样教条式的沉默来。

真正重要的是,对于巴尔特而言,无论保持非 A 非 B 状态(更好的表述是"既是 A 也是 B")有多么困难,这也不能成为他放弃憧憬中性、将其当作一种乌托邦去幻想的理由,因为他深知,中性有着不可替代的重要价值:"中性等于是设定了一种保持沉默的权利或可能性。沉默、不说话,因此成为一种消解压制、威胁以及避免说话风险的操作行为。"[1]

---

[1] Roland Barthes, *Le Neutre*, p. 51.

因此,他把一切能够消解范式的东西都称之为"中性"。他进而坦承自己对于中性怀有一种欲望,而他之所以开设"中性"这门课程,恰恰就是基于这种欲望。对此他在课程讲稿中写道:"我曾承诺,每年的课程都将始于一个个人幻想。概言之,我对中性怀有欲望,因此将其提出来进行探讨。"① 在"课程概要"里,他再次明确了这门课程的性质:"我们要研究的是我们的欲求之物或畏惧之物。按照这一研究视角,本门课程的真正名称应该是:对中性的欲望(Le désire de Neutre)。"

正因为中性更多是与欲望(憧憬)有关,而与现实无关,因此巴尔特又将这门关于中性的课程称作"对于中性的欲望"。具体而言,对于中性的欲望体现为一种悬置(suspension),它所针对的是秩序、规则、律法、傲慢、恐怖主义、权力、想要别人听从自己的愿望、想要攫取的愿望、想要使他人产生犯罪感以便自己施行权力的愿望。② 更进一步说,对中性的欲望更是针对主体自身的,是对任何纯粹争辩性话语的拒绝,其目的在于将自恋(narcissisme)加以悬置。

然而作为欲望对象的中性始终包含着一个悖论:一方面,作为欲望的对象,中性是对暴力(violence)的悬置;另一方面,作为欲望,它又是暴力的(强有力的)。因此在这门课程的整个讲授过程中,应该意识到有一种中性的暴力(violence du Neutre)存在,也就是一种对于中性的激情(une passion du Neutre)。因此,中性并不意味着暗淡、平庸、无动

---

① Roland Barthes, *Le Neutre*, p. 38.
② Augusto Ponzio, «Le Neutre et l'écriture ante litteram», in *Roland Barthes en Cours*, Editions Universitaires de Dijon, 2009, p. 136.

于衷。巴尔特所理解的中性,可以是某些强烈的、有力的、令人难以置信的状态,这是因为,"消解范式"乃是一种炽热、强烈的活动。并且因为其旨在消解范式,因而这种活动代表着一种价值。在《课程概要》中巴尔特对此作了阐述:"本课程尝试让听众明白'中性'的形象并不一定就是乏味的、被大众舆论完全贬低的形象,相反,'中性'能够建立起一种强有力的、积极的价值。"①

5. 中性与消解范式

如果说针对"傲慢"这个中性的主要反题,消解的努力相对容易理解和容易操作的话,那么在更大的范围内,在更根本的意义上,中性要面对和尝试消解的乃是二元范式本身,因为中性概念主要就是针对范式提出的。我们将会意识到,针对范式的消解操作会变得更加复杂、更加困难和微妙。我们不妨再次回顾一下何为二元范式,以及巴尔特为何希望消解范式。在音位学里,所谓范式是指两个虚拟项之间的对立关系(A/B),其基本功能在于制造意义。用巴尔特的话说,范式乃是意义产生的原动力。有意义之处便会有范式,有范式(对立)之处,便会有意义。简言之,意义依赖于冲突(即在两个虚拟项中做出取舍),而一切冲突都是意义的发生器:取一项而舍一项,总是为了迎合意义,制造意义,使其被用于消费。与此相应,巴尔特强调了他专门开设一门课程讨论中性

---

① Roland Barthes, «Résumé du cours Le Neutre», in *Œuvres complètes*, tome V, pp. 531—532.

的目的:"本门课程的主题'中性',乃是消解范式的手段。范式就是中性所要抵制和反抗的律法。"

那么,巴尔特为何特别关注范式,以及由它产生的意义,以至于用一门课程来讨论消解范式的可能性?这是因为范式(以及范式思维)不可避免地会导致两个巴尔特所警惕的弊端。第一,人为安排的意义可能是伪真理;第二,自认为真理在握的人,很可能凭借权力成为独断论者,排斥和压制多元性。第一个弊端与范式产生意义的方式有关。这种方式就是建立在两个虚拟项 A 和 B 之间的对立关系(A/B),问题在于,任何一个 A/B 项的对立关系都不是天然存在的,换言之,都是人为的、任意的、武断的,由此产生的意义因而并不具有天然的、客观的本质属性。事实上,我们可以将任意两个 AB 项对立起来,从而产生出任何一种意义。任何一种话语,例如我们这里主要涉及的人文、社科话语,实际上都是由众多任意的范式(对立关系)所产生的意义单位按照某种表达意图的逻辑性所组成的,很难设想这样一篇话语最终所要表达的意义能够成为一种真理,无论它在形式上多么严谨、多么具有逻辑性,因为,那只是一种形式的、逻辑的意义而已。

事实上,一切陈述必定都有一个主体的存在。在实证科学的话语中,通过使用第三人称和无人称、减少带有感情色彩的形容词、评价等,这个主体及其主观性被尽量排除了,但即便如此,实证科学的语言也不可能做到纯粹的客观,因为,我们所能尽量排除的,只是陈述者心理的、情感的、个人经历方面的因素,而话语的个体性质(出自一个特定的、个别的陈述者的性质,这种性质体现在陈述者对所有话语因素的选择和安排上)却是无法排除的,在话语的层面上(这是一切信息交流不可避免的层面),纯粹的客观性只能是一种想象之物,对于主要并不依赖科学试验的人文社会科学的语言而言,情况更是如此。基于上述思考,巴尔特早在《从科学到文学》(1967)一文中就认为:"晚近才建立起来的所谓'人文科学'是步资产阶级实证主义的后尘,它们的出现乃是当代社会为了维持其与语言过度分离的神学真理神话而寻找的技术借口。"

同样重要的还有语言结构与权力之间的内在关系。我们还记得巴尔特在《就职演讲》中的那段论述:

> 权力乃是某种机体上的寄生虫,这种跨社会的机体与人的全部历史,并不仅仅是与其政治历史或发展史相关联。权力寄居其中、伴随人类始终的这样东西就是:言语活动,或者用其必然的表达方式更准确地说就是:语言结构。①

权力与语言结构的内在关系,决定了一个教授在授课时使用语言的方式和对待语言的态度。巴尔特告诉听众,与所有的讲课者一样,他的授课行为也离不开语言,而任何语言的陈述,都隐含着说话者试图对听话者施加影响、控制的愿望,隐含着说话者运用权力的愿望。在巴尔特看来,权力"隐藏在人们所说的一切话语之中,即便是从一个权力之外的地方说出的话语"。因此他对授课行为的第一个思考,就是"话

---

① Roland Barthes,«Leçon inaugurale», in *Œuvres complètes*, tome V, p. 431.

语在何种情况下、以何种方式能够摆脱一切控制他人的愿望",他特别强调:"在我看来,这种思考构成了今天开始的本讲席课程的深层计划。"①

实际上,权力与语言的关系问题还有着另外一面:讲课者本人在使用语言时,同样要受到语言结构的控制。我们还记得他曾引用罗曼·雅各布森的研究:对一种方言的定义更多的不是看它能让人说什么,而是看它迫使人说什么。对此深有感触的巴尔特举例说:

> 在我们的法语中……我被迫总是在阳性和阴性之间进行选择,中性或复合形式是被禁止的。同样,我被迫要么使用"你",要么使用"您"来表明自己与他人的关系:我被拒绝保留情感或社交上的悬念。于是,语言通过其结构本身包含了一种异化的必然关系。

不是语言的使用者在控制语言,而是语言的结构在控制语言的使用者。因此巴尔特在课堂上需要做出两种不同的努力,一是尽量避免通过语言去控制听众,二是自己也需要尽可能地摆脱语言结构的控制。后一种努力关乎自身的自由,前一种努力则关乎他人的自由,属于法兰西学院时期的巴尔特非常重视的伦理学问题。单一、武断的逻辑意义一旦形成,很容易就会产生固化、僵化。巴尔特从《文本的愉悦》开始,就经常用"固化、僵化"(sclécose)一词来形容意义的命运:要么成为被大众普遍接受的、占主导地位的大众舆论;要么成为某种意识形态。他曾引用朱丽娅·克里斯特娃所言:

---

① Roland Barthes, «Leçon inaugurale», in *Œuvres complètes*, tome V, p. 430.

"一切已完成的陈述都要冒成为意识形态的风险。"①每个人都希望自己发现的"真理"(各种可疑的观点、学说、主义)能被他人接受,如果无法做到,那就设法强迫他人接受,而对权力的寻求、利用和依靠便就此开始。一旦利用权力强迫他人接受自己的"真理",就势必导致对他人的操纵与控制,独断论就不可避免,多元思维和多元意义就必然受到排斥和压制。有鉴于此,巴尔特在《中性》中强调指出:"在我们整个西方盛行的是:意志、愿望的道德意识形态。包括:掌控、统治、生活、将自己以为的真理强加给别人等。"②

而中性的价值,就在其尝试消解范式、消解单一意义和控制欲望的过程中呈现出来。巴尔特注意到,在他生活的时代,出于反智主义,越来越多的人拒绝哲学。然而他指出这并不是中性应该有的看待哲学的眼光。虽然中性将自己从哲学中自我排除,但是它并不反对哲学,只是远离哲学。"中性只是取消了概念的傲慢,以及傲慢的普遍性。"巴尔特的写作始终反对意识形态上的陈词滥调,反对公众舆论,即民众的简单化思想。但与此同时,他非常重视中性的立场,和这种立场所包含的价值。因此他个人的政治思想不是斗争型的、咄咄逼人的。这与现代性思想强调斗争、力量、进步,显得格格不入。正是在这个意义上,安托瓦纳·贡巴尼翁(Antoine Compagnon)认为巴尔特采取的毫无疑问是一种反

---

① Roland Barthes, *Le plaisir du texte*, Editions du Seuil, 1973, p. 68.
② Roland Barthes, *Le Neutre*, p. 223.

现代性的立场。①

6. 中性的主要策略

巴尔特对中性下过一个最基本的定义:中性是消解范式的手段。在课程讲稿里他曾两次作过相同的表述:"我把一切能够消解范式的东西都称之为'中性'。"②在课程讲稿的另一处他重申:"本门课程的主题'中性',乃是消解范式的手段。范式就是中性所要抵制和反抗的律法。"③

此外,在一段论述"雌雄同体"(l'Androgyne)的文字中,他还从字面意义(生物意义上的性别)和隐喻意义(语法及其他领域的性别),对中性作了如下阐释:道家将阴阳结合在一起(union du yin et du yang),使阴阳同为一体(l'être unique)。因此,雌雄同体就是中性,而中性就是一种复合的程度或者状态,它不是生殖意义上的男人(homme)和女人(femme)的结合,而是男性(masculin)与女性(féminin)的结合。或者也可以说,男人身上有着女性因素,女人身上有着男性因素。对此他作了一个比喻:对于二元模式的、冲突性的、带有傲慢意味的姿态,即那种能引起阉割情结的笑容(le rire castrateur),中性的回答姿态是微笑(le sourire)。在巴尔特眼里存在着(或者应该存在着)一种这样的真实:生殖意义上

---

① Antoine Compagnon, *Les antimodernes*, Editions Gallimard, 2005, pp. 404–440.
② Roland Barthes, *Le Neutre*, p. 31.
③ Ibid., p. 72.

的二元范式被消解了(被超越了、转移了),这种消解不是体现出冷漠的、无动于衷的、黯淡的特征,而是体现出一种心醉神迷的、谜一般的、发出柔和光芒的、至善的特征。

将以上字面意义转换到隐喻意义和范式结构上来,巴尔特认为有必要对前面提到的中性模式进行颠倒。在布隆达尔等语音学家提出的三组关系中,A/B 为对立关系(范式),A+B 为联合关系,而第三种关系 ni A ni B(非 A 非 B)在巴尔特眼里则相当于中性。然而随着思考的进展,他认为中性不应该被消极地表述为非 A 非 B:

> 我们应该将这个结构模式加以颠倒:中性……不是"既非……亦非……",而是"同时"(à la fois, en même temps),或者是轮流交替(qui entre en alternance)。中性应该是一种复合体,但这种复合体是无法清理分辨、无法加以简化的,如同一堆错综复杂的乱麻,纠缠着各种细微差异,各种相反事物,各种游移不定。

简言之,中性应该是同时包含了两种性别。它的价值不在于取消诸性别,而在于将它们组合起来,让它们同时存在于主体之中,轮流交替。①

从非 A 非 B 改为既是 A 又是 B,显示出巴尔特针对基于冲突、对立的范式,现在更为强调中性的包容和多元性,因为这更有助于他将中性当作消解对立性范式的基本手段。

尽管中性的状态很难达到和维持,但是对于消解范式、

---

① Roland Barthes, *Le Neutre*, pp. 238—239.

消解意义的固化和单一性、消解"真理"和权力的傲慢,却具有难以替代的重要性,因此巴尔特认为值得将其当作欲望的对象,值得通过各种途径、各种策略去尽量接近它。中性的第一种策略,是强调特征排序的偶然性、随机性。前面我们曾专门讨论过,巴尔特在其前两门课程中所尝试的一种中性策略:强调特征排序的偶然性和随机性。其目的一言以蔽之,就在于尽量消解人为安排的逻辑性,以及由此产生的"逻辑性虚构"。

策略之二,在特征排序的随机性基础上,巴尔特有意识地采用片段写作的形式。为什么要选择这种不连贯的片段写作方式?对此他解释说:一系列不连贯的片段,意味着将某种东西,比如说讨论的主题、中性这个概念,置于一种不断变化的状态,而不是对其进行不断的连续的强调,以便达到一个最终的意义或结论。"不连贯的、未被组织成篇的特征系列,正是中性概念本身所要求的,因为中性本身拒绝'传授教义'。不组织成篇,就意味着不下结论。"

策略之三,拒绝使用概念。巴尔特强调,中性并不反对哲学,但是却远离哲学。它的目的在于消解概念的傲慢,以及傲慢的普遍性。概念是对多样性的缩减力量,是对感性的、美学的缩减力量。因此,如果要拒绝缩减,就应该对概念说不,就应该拒绝使用概念。但是如此一来,我们这些不同于常规的知识分子应该如何说话呢?应该用隐喻(métaphore)来说话。用隐喻替换概念,这就是写作(écrire)。巴尔特所说的写作,实际上与文学和文学符号学有着密切联系,我们将在讨论他的后两门课程时再作详细分析。

策略之四,"答非所问"(la réponse à côté)。答非所问相当于聋子之间的对话,在当今这个充斥着声响的世界上,话语无处不在(讨论、论述、辩论等),选择充耳不闻是一种个人权利,一种尚未得到认可的权利。

然而面对泛滥的声音和话语,面对声音的严重污染,选择充耳不闻和答非所问,却具有了一种强大的、粗暴的力量。这种力量能够抵抗集体性的、大众舆论的,因而具有压迫性的话语。作为浸淫在西方文化语境中的知识分子,巴尔特非常了解理性和逻辑在西方传统文化中的至高地位,他本人在1967年之前长达十年的"符号学历险时期",也曾经历过"一次欣快的科学之梦"。然而1967年的一系列特殊经历[1]让他对理性逻辑,尤其是科学主义,产生了诸多质疑,以至于从此之后便对其抱有一种警惕的甚至是排斥的态度。

与此相对,这一时期他的三次日本之行,他对道家、佛教(尤其是禅宗)的逐渐了解,促使他在自己的学术思考中引入了东方的思想资源。他经常阅读的法文版书籍包括:铃木大拙(Suzuki Teitaro Daisetz)的《禅学论丛》《论佛教禅宗》,艾伦·沃茨(Alan Watts)的《禅的精神》;两部论述中国道家思想的著作:亨利·马斯佩罗的《关于中国宗教与历史的遗作汇编》的第二卷《道家思想》,让·格勒尼耶的《道家的精神》。对于西方非常推崇的逻辑和理性,巴尔特前面曾经发出感叹:"我们的社会颠倒了两件事情:把疯狂的辩论看作是智慧的标准,而把逃避这种疯狂的人看作是疯子。"[2]在很大程度

---

[1] 参见黄晞耘:《罗兰·巴尔特思想的转捩点》,《世界哲学》,2004年第1期。
[2] Roland Barthes, *Le Neutre*, p. 160.

上,他之所以对中性怀有欲望或憧憬,就是希望将其当作"疯狂的辩论"的解毒剂。

巴尔特注意到,禅宗对于理论性、逻辑性的语言表述持不信任态度,这尤其体现在众多公案(le koan)的运用上。禅宗公案的作用在于打断逻辑理性,按巴尔特的说法,在于"动摇或打断直接关联性,旨在让意识产生顿悟(le satori)"。他列举了赵州从谂禅师的一则著名公案:一僧问:"万法归一,一归何处?"师云:"我在青州作一领布衫,重七斤。"巴尔特评论道:这个公案断然中止了逻辑的直接关联性。①

接着他进一步展开自己的思考:以上公案里的提问"严肃"而且"高雅",具有哲学意义上的浮夸,希望得到一个长篇大论的回答,然而禅师牛头不对马嘴的回答,却中止了一切论述。面对着法兰西学院的听众,巴尔特将这个话题转到了西方语境:

> 想象一下在我们西方的社会文化语境中,在我们的社会政治生活中充斥着的各种浮夸、傲慢的宏大提问;在各种访谈中、各种圆桌会议上,经常会出现的这类提问,例如:"是否存在一种女性特有的写作,或者一种男性特有的写作?""您认为作家是在探求真理吗?""您认为写作就是生活吗?"如此等等。②

巴尔特模仿公案的回答方式,幽默地继续说:

> 想象一下,此时某人回答说:"我在朗万(Lanvin,高

---

① Roland Barthes, *Le Neutre*, p. 160.
② Ibid., p. 156.

级时装公司)买了一件衬衣";或者:"天空蓝得像个橙子";又或者,如果上述问题是在一个公众场合提出的,这时您不作回答,而是站起身来,脱下一只皮鞋放到自己头上,然后离开了众人所在的那个大厅。

巴尔特补充道,上述的答非所问,毫无疑问断然中止消解了有问必答的传统默契以及任何阐释,其目的就是为了抗拒逻辑的、理性的习惯。

在托马·克莱尔看来,巴尔特用以上特殊方式进行的授课是一个特别有益的时刻:听众在此经历的种种矛盾,都成为了共同参与的一种创造,中性在此可以显示出它的本来面貌,即一种作为欲望对象的乌托邦的面貌。探索和研究可以从幻想变为现实,这一过程转瞬即逝,恰好体现了中性本身的特点,这与佛家所说的顿悟非常相似,都是在一瞬间把握到事物的真谛。因此巴尔特的课程应该被看作是一个过程,而不是一个一成不变的终极意义。这门课程好似一件艺术作品,每节课堂上对矛盾的探索,都会激发出创造力。[1]

策略之五,无为。在巴尔特思考中性策略的过程中,对其影响最深的东方思想资源,莫过于老子的"无为"。他认为,道家最根本的概念"无为"(Wou-wei, le non-agir)就是一种中性,它要消解的是"想活着"(vouloir-vivre)和"想死去"(vouloir-mourir)这一组范式。在巴尔特看来,"无为"深刻的立场在于不作选择,而且是以平静的态度不作选择。要做到

---

[1] Thomas Clerc, «Le Neutre», in *Roland Barthes au Collège de France (1977—1980)*, IMEC, 2002, p.73.

这一点是非常困难的,因为必然会与各种舆论产生冲突,而这一点与"中性"所面对的困难最为相似。

事实上,巴尔特对西方强调对立、冲突的思维范式的反思由来已久:

> 在我们整个西方盛行的是:意志、愿望的道德意识形态,包括:掌控、统治、生活、将自己以为的真理强加给别人等。因此很明显,"无为"在西方文化中的形象例证非常罕见,即便有,也只是部分地体现了"无为"的内涵。我们有的只是某些时刻、某些趋势、少数个体的某些方面而已。①

为了印证上述观察,巴尔特特意举出了几个在他看来或多或少与"无为"特征相关的西方文化例证进行分析。第一个例子是弗洛伊德在《列奥纳多·达·芬奇》一文中的看法:在他(达·芬奇)身上有着某种惰性或冷淡。在一个所有人都寻求征服尽量多地盘的时代,这意味着每个人都在追求施展自己具有侵略性的活跃能量,而达·芬奇却以他的平和性格显得与众不同。他远离一切党派争斗和所有的纷争,对所有人都温和亲切。②然而巴尔特却认为,即便如此,达·芬奇的这种性格与处世态度也并不完全类似于道家的"无为"。例如他投身于恺撒·博尔吉亚(César Borgia)③的军队,当上

---

① Roland Barthes, *Le Neutre*, p. 223.
② Ibid., p. 224.
③ 恺撒·博尔吉亚(1476?—1507),瓦伦西亚大主教、瓦伦蒂诺公爵、军事统帅,以邪恶、残忍和征战的天才闻名,16世纪初几乎征服了全意大利。马基雅维利曾以他为原型写下名著《君主论》。

了军事工程的负责人,为恺撒·博尔吉亚设计残酷的进攻性武器。所以,如果在道家看来,达·芬奇的性格中,虽然也有某些"无为"的成分,但他并不拒绝介入世事。

巴尔特举出的西方文化中近似"无为"的第二个形象例证,是托尔斯泰小说《战争与和平》中的安德烈公爵。在描述一次春天旅行的章节里,安德烈公爵见到一棵橡树。作者对他此刻产生的心理变化作了细致描述:这棵树的景象让他产生出新的思想,既是绝望的,又充满了某种忧郁的魅力。在这次旅行的过程中,他对自己的生活方式作了一番深入彻底的新的检视,再次得出了既幻灭但又内心安宁的结论,即认为自己不应该再尝试做任何事情,而应该在不作恶、不忧虑、不再有任何欲望的前提下,平静安详地过完自己的一生。安德烈公爵的上述内心活动是否近似于道家的"无为"?巴尔特认为,上述心理活动出现在属于西方文化的托尔斯泰小说里是很正常的,因为其中充满了基督教的意味,是与幻想破灭和忧郁联系在一起的,带有轻微的自虐色彩,因此与道家的无为并无本质联系。

分析完两个西方文化的例子后,巴尔特继续阐述他对"无为"的理解:道家的"无为"重视自发性(spontané),而不是意愿(volonté)。无为意味着不作引导(ne pas diriger),不给自己的力量规定目标,而是让其留在原处,或者说不运用自己的力量,例如不运用自己的智慧(Sapience),或者出于自我保护和谨慎的目的,只在最小的程度上运用。无论探讨"中性",还是思考"无为",巴尔特都是在对强调冲突、对立的二元范式进行反思:"对于我们西方人而言,'无为'的悖论是对我们所有道德价值的强有力的颠覆,尤其是对进步主义(progressiste)价值观的颠覆,因为道家的智者是不与人争的(le sage ne lutte pas)。"①

7. 中性的悖论

前面我们提到,巴尔特将中性的定义从"非 A 非 B"改为"既是 A 又是 B",显示出他针对基于冲突、对立的范式,现在更为强调中性的包容和多元性,因为这更有助于他将中性当作消解对立性范式的基本手段。与此同时,他也清楚意识到消解范式的困难程度。一方面,只要谈到中性,就必然涉及它所要消解的 A／B 对立范式,因此中性就不可避免地带有相对于范式的"反题"色彩。而一旦成为范式的反题,中性就有可能将某种意义固化,而意义恰恰是它想要避免和消解的。这就是中性的悖论所在。巴尔特在探讨中性时,完全意识到了这一悖论,因此他采取的做法是,一边讨论中性,一边不断消解由此可能产生的新的范式。②另一方面,中性的目的始终在于消解意义,而正因为这一点,它变成了一件几乎不可能的事情。为了要让人了解中性,为了提出中性的概念,就必须在某个时刻去阐明它,而一旦要阐明,这本身就会产生意义。巴尔特引用老子的名言:"知者不言,言者不知",随后他在括号里感叹:(这恰好是我遇到的情况,即谈论中性时

---

① Roland Barthes, *Le Neutre*, p. 223.
② Augusto Ponzio, «Le Neutre et l'écriture ante litteram», in *Roland Barthes en Cours*, Editions Universitaires de Dijon, 2009, p. 136.

始终会遇到的悖论。为了要让别人了解、为了提出、哪怕只是略微地涉及何谓"不言说",就必须在某个时候去言说)。中性＝不可能(impossible)。中性不可言说,但又必须言说。巴尔特很清楚自己所面对的悖论:"总之我所遇到的始终是同一个悖谬(aporie),而要说明这一点,我不得不用一门课程来实现。"①

更具悖论的是"沉默"这个特征。巴尔特尝试证明沉默与中性具有相似关系,因为沉默就意味着消解话语。然而巴尔特同时指出,沉默本身也具有所指,因为我们很难做到不赋予沉默以任何意味,而这种意味本身也是中性所要消解的对象。②因此他告诉课程的听众:"这门课程的前景,不是要去达到沉默,而只是对沉默的欲望。"③

由于中性不是一个可以一劳永逸达到的目标,而是一个不断被用于消解范式的手段,一个必须始终坚持的操作过程,因此巴尔特给出了中性的最后一个定义:中性不是一个目的,而是一种手段,一个过程(une traversée)。为此他借用著名的佛经寓言"以手指月"(《六祖坛经》),但用意却不在于以指譬教、以月譬法,而是相反在于强调手指(手段和过程)的重要性:"在一则著名的寓言里,禅师嘲讽那些将指向月亮的手指头当作月亮本身的人。至于我,我感兴趣的是手指头(手段、过程),而不是月亮(目的)。"④

---

① Roland Barthes, *Le Neutre*, p. 58.
② Thomas Clerc, «Le Neutre», in *Roland Barthes au Collège de France* (1977—1980), IMEC, 2002, p. 70.
③ Roland Barthes, *Le Neutre*, p. 61.
④ Ibid., p. 101.

以上思考实际上在巴尔特撰写《中性》讲稿时就已形成，所以从一开始就列出与中性相关的各种特征，并以随机方式将这些特征并置，实际上就是在试验一种道家意义上的悖论。每个特征既是对中性的探索，也是对中性的展示。这是一种不求结果的话语类型，无须对手段和目的做出区分，"一旦踏上道路，我们就已经走完了整个行程"，"因为'道'既指需要经历的道路，也指这段行程的终点即目的。既指我们前面提到的方法（méthode），也指通过方法所要达到的完成状态"。①

尽管对中性的任何言说都会造成一种悖论，但这并不意味着中性就失去了被探索、被启示的价值，否则巴尔特就不会坚持用一门课程，通过各种特征去暗示它、启示它，同时表达对它的欲望和憧憬。促使巴尔特这么做的原因有两个，第一，正如我们前面已经提到的，巴尔特对二元对立范式的弊端一直高度警惕，而中性在他眼中，乃是消解范式的基本手段。关于这个问题前面我们已经做过充分论述，这里不再重复。第二个原因涉及中性的另外一种价值，而这种价值又与中性的另外一个深刻悖论有关。

到目前为止，巴尔特通过各种特征为我们启示的中性，都是作为消解范式的手段和傲慢的反题，因此之故，相对于断言、对立、控制欲和傲慢，它主要是与退隐、悬置、得体、沉默、无为等特征相关，换言之，它所显示的更多是"无为"的一面。然而巴尔特告诉我们，作为消解范式、悬置傲慢和暴力

---

① Roland Barthes, *Le Neutre*, p. 37.

的基本手段,中性就其功能而言必然要拥有积极的一面。由于它所要消解的对象是强有力的,因此中性必须具有更为强大的、颠覆性的力量。故此在提交给法兰西学院的"课程概要"里,巴尔特明确指出:"本课程尝试让听众明白'中性'的形象并不一定就是乏味的、被大众舆论完全贬低的形象,相反,'中性'能够建立起一种强有力的、积极的价值。"①

具体而言,如果要设想对暴力的悬置,中性本身就必须也是一种暴力,用巴尔特本人的话来说:"存在着一种中性的暴力。"②

这种"中性的暴力"是一种具有颠覆性质的激情,因而具有颠覆的力量。奥古斯托·蓬兹沃对此评论道:中性完全不同于消极被动,不同于放弃或屈从,它是一种积极的行为,一种强有力的欲望,一种激情。对中性的欲望就是对生活的欲望,但是与它所要消解和悬置的对象不同,这种对生活的欲望不意味着获取、占有、强迫别人接受自己、控制或征服。③

巴尔特对中性概念的探索,正处在他的思想创造力旺盛的一个时期。他提出的"中性"概念不仅是独特的,而且是一个内涵丰富、应用范围广泛的基础性概念。令人欣慰的是,随着《中性》这部讲稿的出版,巴尔特提出的这个重要概念"终于能在读者的眼前熠熠闪光"④。

---

① Roland Barthes, «Résumé du cours Le Neutre», in Œuvres complètes, tome V, p. 532.
② Roland Barthes, Le Neutre, p. 38.
③ Augusto Ponzio, «Le Neutre et l'écriture ante litteram», in Roland Barthes en Cours, Editions Universitaires de Dijon, 2009, p. 138.
④ Thomas Clerc, «Préface», in Roland Barthes, Le Neutre, pp. 19—20.

第四章

俳句

1. "我的当下"

巴尔特在法兰西学院的第三和第四门课程，分别题为"长篇小说的准备（一）：从生活到作品"和"长篇小说的准备（二）：作为愿望的作品"。由于其内在连续性，这两门课程合为一书，于 2003 年由瑟伊出版社和当代出版记忆研究所联合出版。与"如何共同生活"和"中性"相比，关于长篇小说的这两门课程更为直接地回应了巴尔特和福柯对"文学符号学"的共同构想。

就巴尔特本人而言,这两门课程涉及的一些基本问题,最早可以追溯到 1953 年出版的《写作的零度》,此后他的思考一直在不断地发展、深入、扩充,尤其体现在 1967 年那篇标志着他思想根本性转向的文章《〈时装体系〉序言》,以及《从科学到文学》(1967)、《符号帝国》(1970)、《文本的愉悦》(1973)、《罗兰·巴尔特自述》(1975)、《恋爱话语片段》(1977)、《就职演讲》(1977)等众多著述里。

在关于长篇小说的两门课程里,巴尔特对二十多年来思考的问题进行了系统总结。这些问题包括:是否存在不同性质的话语?话语修辞的控制欲、话语与权力的内在关系、长篇话语与片段话语的差异、文学的特殊功能,以及与之相关的最根本问题:究竟什么是文学符号学?

顾名思义,两门"长篇小说的准备"课程主要涉及的体裁是长篇小说,但同样重要的是这个标题中的关键词"准备"。换言之,巴尔特从一开始就明确预告,他要讨论的重点是长篇小说的准备阶段,而不是写作阶段。而准备阶段的第一步,自然是副标题所提示的:"从生活到作品",即如何从生活中为写作长篇小说提取素材。这里面包含两个具体问题:一是提取什么样的生活素材;二是如何提取这样的素材。

关于第一个问题,巴尔特似乎已经有了明确的答案,因此他在第三次授课的一开始就直接把他的想法告诉了听众:

> 按照我思考所处的现状,我觉得被幻想的长篇小说(即作为幻想对象的长篇小说)对于我而言,只能是有意识回忆的类型。创作小说的冲动(对素材的热爱)不会

朝向我的过去!这并非因为我不喜欢我的过去,而是因为我不喜欢普遍意义上的过去(可能因为这种过去使人心碎),而我的抗拒就变成了一种我曾经提到过的朦胧形式:这是一种对于讲述往事的普遍性的抗拒,即抗拒去讲述那些一去不复返的人与事。……这种情感是与当下联系在一起的:我的当下(mon présent),(因为)在其感情的、人际关系的、智力的维度中,我的当下才是我所希望的小说素材。①

这段表述颇耐人寻味。首先巴尔特明确表示他的创作冲动(他对素材的热爱)"不会朝向我的过去",为此他给出的理由是:"这并非因为我不喜欢我的过去,而是因为我不喜欢普遍意义上的过去(可能因为这种过去使人心碎)",因此他有一种"对于讲述往事的普遍性的抗拒,即抗拒去讲述那些一去不复返的人与事"。至少从字面上,这段解释会令人感到困惑费解。一方面,巴尔特说他并非不喜欢过去(自己的过去);另一方面,他又说他不喜欢过去(普遍意义上的过去),然而究竟为什么要刻意区别对待这两种过去?对此他并未做出详细解释,而只是含糊地提到两点:1. 普遍意义上的过去"使人心碎";2. 他"抗拒去讲述那些一去不复返的人与事"。对于这些语焉不详的说法,任何听众或读者至少都会感到费解,进一步说,则会感到它们耐人寻味,似乎包含着许多巴尔特想说但一时又无法说清的隐情。

事实上的确如此。就在第二门课程"中性"的授课结束

---

① Roland Barthes, *PDR*, p. 45.

后不久，巴尔特的母亲于 1977 年 10 月去世了。巴尔特陷入了长达八个月的沉默期，然后开始构思和撰写新课程"长篇小说的准备（一）"的讲稿。由于撰写于特殊时期，这份讲稿具有了一种特殊的意义。换言之，只有联系母亲之死给巴尔特带来的深刻影响，我们才能真正理解他关于长篇小说的两门课程，以及上面所提到的，他对于讲述"使人心碎"的、"那些一去不复返的人与事"的抗拒。

所有这一切说来话长，我们将在后面作详细讨论。而此刻我们唯一需要记住的是，关于长篇小说的准备，关于从生活中为长篇小说提取什么样的素材，巴尔特已经给出了暂时的，但是明确的回答：对于他个人而言，这些素材不应该取自过去，而应该取自当下："我的当下才是我所希望的小说素材。"如此一来，关于素材的两个问题自然就从第一个转到了第二个：如何从当下提取素材。

将眼前的事物、当下的时刻和感受记录下来的行为，在法语里就是动词 noter 及其名词形式 notation，从字面上可以直译作"记录"。不过巴尔特这里所说的 notation 特指的是对"当下"小说创作素材的记录，因此我们将根据具体上下文，将该词译为"即景记录"或"素材笔记"。

巴尔特所说的 notation 主要是指随手的、即兴的、简短的记录，与通常所说的作家的"创作笔记"并不完全相同，因为后者也有可能并不强调当下、即景和简短。因此巴尔特并不考虑将小说作家的"创作笔记"作为研究对象，而是"宁愿绕一个大弯，选择一种完全不具备小说性质，但在世界文学史上应当是一切素材笔记之完美典范的写作形式，那就是日本的俳句(le haïku)"。①用更简明的话说,巴尔特之所以选择俳句作为研究对象,是因为对于他所看重的"即景记录"而言,俳句最具有典型特征。

巴尔特是在1966—1967年的三次日本之行时开始了解俳句的,从此对其产生了浓厚的兴趣,②在接受采访时、在各类著述中,俳句逐渐成为他经常提到的关键词之一。③

以日文字母假名(kana)为标准,俳句由5—7—5共17个字母分3行组成,称得上是世界上最短的诗歌体裁。与之相比,古典汉诗里最短的体裁五绝包含20个汉字。进一步说,汉字为音形意一体的表意文字,每个汉字(字形+语音)都有其特定意义,而由假名构成的日文字母属于表音文字(音节文字),每个假名只代表一个音节而非一个字义,因此俳句的17个假名所表达的意义要远少于17个汉字(一个汉字在日文中对应一至多个假名),在此意义上,俳句更是名副其实的最短的诗歌体裁。

不过,我们并无必要严格地以日语原文俳句来讨论巴尔特所说的俳句,因为他本人并不懂日语,他所看到的俳句均为法译文或英译文。对于我们而言,真正重要的是要弄清巴尔特从法译文或英译文的俳句中,究竟读出了哪些让他深感兴趣、而且非常欣赏的基本特征。毫无疑问,俳句极为简短

---

① Roland Barthes, «Résumé du cours La Préparation du roman», in Œuvres complètes, tome V, p. 733.

② 从1966年5月到1967年,巴尔特应东京法日学院院长莫里斯·潘盖(Maurice Pinguet)的邀请,先后三次到日本主持一个"叙事结构分析"的研讨班。

③ 例如1975年在接受让-雅克·伯劳希耶的采访中,俳句就是巴尔特谈论的20个关键词之一。参见:Roland Barthes, Œuvres complètes, tome IV, pp. 851—875.

的体裁形式就是这些特征中的一个。我们将会在后面看到，这种由于极为简短而涉及的意义问题（能指与所指的关系）和意指行为（signification）问题，乃是巴尔特关注俳句的一个重要原因，这里暂不赘述。

要言之，巴尔特所重视的那些俳句特征，是他通过法译文或英译文领会到的，因此并不需要严格对比日语原文。下面我们将逐一讨论这些特征对于巴尔特所显示的独特意义。不过在进入正式讨论之前，我们有必要先介绍一下巴尔特对于俳句的了解程度。在发放给听课者的一份有关俳句的参考资料中[1]，巴尔特列出了4种主要的英、法文译本，以及66首俳句，主要诗人有：松尾芭蕉、小林一茶、与谢芜村、志太野坡、杉山杉风、黑柳召波、中村草田男、池西言水、正冈子规等。

从1979年1月6日的课程开始直至1979年2月24日的课程，罗兰·巴尔特用了8次课程（在讲稿中花了82页的篇幅）专门讨论俳句。在关于俳句的第一次课堂上，巴尔特首先引用法国著名东方学家艾田蒲（Etiemble）翻译的一首松尾芭蕉的俳句，以这首俳句为例，介绍了俳句和日语的语言特点[2]，这表明他对日语和俳句的基本特征已经相当了解。

　　古池や
　　蛙飛びこむ
　　水の音

---

[1] Roland Barthes，*PDR*，p.461.
[2] Ibid.，p.54.

中文试译：

古池塘 / 青蛙跳入水中央 / 一声响

艾田蒲的法译文（5—7—5 音节）：

Furu ike ya	Une vieille mare
Kawazu tobikomu	Une raine en vol plongeant
Mizu no oto	Et le bruit de l'eau

现在回到我们要讨论的话题：由于选择"当下"作为长篇小说的素材，选择"即景记录"(la notation)作为提取当下素材的方式，因此巴尔特将注意力投向了俳句，因为在他看来，俳句最具有"即景记录"的典型特征。那么，巴尔特欣赏和重视俳句的哪些基本特征？

2. 季节—时刻

每首俳句必定要有与季节相关的季语(le kigo, ou mot-saison)，①巴尔特对此深感兴趣，不仅因为这一俳句特有的固定规则，不见于任何西方诗歌体裁，而且更因为俳句诗人对于季节变化的高度敏感。他注意到，俳句中"总有对季节的某种暗示……夏日的炎热，秋天的轻风，或者是约定俗成的明确换喻：梅花 = 春天（按：原文如此）。……在俳句里，总有什么东西在告诉你天空、寒冷、光线，告诉你身处一年之中的什么季节；虽然只有 17 个音节，但其描述当下瞬间的形式

---

① Roland Barthes, *PDR*, p. 66.

让你永远不会和宇宙分离开:居所、氛围、地球围太阳绕行的位置。你总能感觉到季节:既像是一种气息,又像是一个符号"。他举了志太野坡和松尾芭蕉的两首俳句为例:

> Couché
> Je vois passer des nuages
> Chambre d'été　(志太野坡)

中文姑且意译为:

> 吾卧夏日房
> 见云朵飘过

巴尔特引用这首俳句的目的,只是为了向听众显示其中的季语:夏日。

第二首的法译文是:

> Le vent d'hiver souffle
> Les yeux des chats
> Clignotent　(松尾芭蕉)

中文姑且意译为:

> 冬风在吹
> 猫儿的眼睛
> 眨个不停

这里的季语无疑是"冬风",然而让巴尔特赞叹的是该诗传达冬日感受的方式:因为冬风在吹,"猫儿的眼睛/眨个不停":对瞬间细节的捕捉极其独到、精准。巴尔特对此评论说:"这是何等不可思议、何等绝妙地让我感受到了冬天。——极言之，我们也许可以说：这首诗在尝试用寥寥数语做到语言所无法做到的事情：唤起事物本身 → 俳句：体现了语言力量和效力之极限的语言。"①

俳句对季节的敏感与独特表达，让巴尔特产生了共鸣："我自己就对季节极其敏感。"他回想起儿时在故乡巴约讷（Bayonne）以及后来在巴黎的类似体验：

> 我曾真切感受过巴约讷的季节变化（甚至在巴黎也曾经感受过：过去到蒙田高中上学时圣-苏尔皮斯广场刺骨的寒风。然而今天我在圣-苏尔皮斯广场已经感受不到寒冷了），今天回到巴约讷，我也感受不到，或者很难感受到那里的季节变化了。

巴尔特想说的当然不是故乡巴约讷不再有季节的变化、巴黎的冬天不再有刺骨的寒风，他要说的分明是：相对于儿时、从前，成年人、今天对季节的变化变得不再敏感。而俳句的美妙就在于能唤醒我们对季节的敏感："俳句唤起的是真切明了的季节。""今天"的"成年人"生活在一个迟钝麻木的、"含混不清的世界"，而在"从前"，在人的儿时、人类的童年时代，"四季变化都是真切明了的"。

由此他联想到了自己最喜爱的法国作家之一普鲁斯特，并在讲稿中写下这样的文字："普鲁斯特与气象学……（父亲对气象的兴趣，叙述者与父亲的相似。《追忆似水年华》里有80个段落提到对气象学的爱好），仿佛那就是生活的本质、回忆的本质。"巴尔特进一步论述道：对于人类而言，季节本是

---

① Roland Barthes, *PDR*, p. 68.

"最基本的事物","对季节(每日天气)的个体性关注……延续着农耕文明对季节和天气的重视,那时的人们首先感受到的是季节的变化(因为那是他们的生存所系),而不是时间的绵延,他们能感受到季节的差异和轮回"。

以俳句的感受力和表达力作为参照,巴尔特不无遗憾地意识到了母语法语在表达"细微差异"(nuances)上的不足:

> 我们的法语在(表现季节变化)这个方面,就像在其他方面一样,是野蛮的(恰恰因为它已经"文明开化"了),它压平了不同种类的区别,压制了人与环境的关系中个性化、差异、细微区别以及存在属性的纹理所具有的力量。我曾经说过:法语中表达时间和天气只有一个词:le temps,而英语中却有:time / weather,拉丁语有:tempus / coelum,希腊语则更为高级:chronos / aèr,表示天空的状态,eudia 指晴天,ombrios 指雨天,cheimôn 指暴风雨,galènè 指海面平静,等等。

基于这种从未有过的感悟,巴尔特突然对欧洲人几乎每天都会挂在嘴边,以至于被视作无聊废话的"今天的天气如何",有了全新的认识。他认为这句话不仅具有寒暄的功能,而且具有一种"存在论意义上的作用",因为它"调动了主体对存在的感觉,那种纯粹而神秘的生命感受"。当然,除了"存在论意义上的作用"以外,俳句对季节变化的敏感在巴尔特看来尤其还具有一层感性的、审美的意义,这个我们将在后面专门论及。

仅就俳句对季节变化的敏感和独特表达这一个因素,我们就已经能明白巴尔特为何由衷地喜爱这种诗歌,以及他在不同著述和访谈中的如下表述:"日本的感性(sensualité)使我感动",日本是"一个符号的空间,既非常感性,又非常具有美学意味"①。"(俳句)来自于一种非常陌生(非常奇异)、我对其一无所知的语言……然而却打动了我,与我产生了关系,令我感到欣喜。……对于我来说,俳句是具有人性的,非常地具有人性。"②

巴尔特还注意到了俳句另一个不太被人留意的特点:对一天中每个特定时刻的感受和表达。他分别以三首俳句为例,我们试从巴尔特所阅读的法文转译如下(下同):

黎明
在麦穗尖上
落下了春霜 (小林一茶)

正午鲜艳的旋花
燃烧着
在石子间 (小林一茶)

草原雾气蒙蒙
池水寂静无声
是晚上了 (与谢芜村)

---

① Roland Barthes, «Entretien avec Jacques Chancel», in *Œuvres complètes*, tome IV, p. 905.
② Roland Barthes, *PDR*, p. 55.

黎明被定格在一个微妙的瞬间:在麦穗尖上/落下了春霜;正午的时刻,呈现为一幅画面:鲜艳的旋花/燃烧着/在石子间;而晚间的时刻既被视觉感知也被听觉感知:草原雾气蒙蒙/池水寂静无声。

巴尔特向听众阐述了他的感受:俳句对于一天中的每个时刻都表现出一种敏感性,钟点不仅仅是一些数字单位,而是"语义的储藏格",是"感受性"的"闸门"和"时间段"。[1]重要之处在于,俳句对钟点、时刻的细微感知,是与个体性、特殊性、感性联系在一起的,具有鲜明的审美意味和微妙的情感意味,与之相对的则是理性、抽象、概念和普遍性。在巴尔特看来,俳句所在意的是"一种不向普遍性妥协的高度的个体感受……自然的时间单位变成了主体感受到的效果,变成了语言的效果"。[2] 这是一种"主体内心的、无意识深处的、充满微妙情感的、'切身'感受到的效果"。

与之可以类比的西方文学中的例子,巴尔特提到了英国散文作家托马斯·德·昆西(Thomas de Quincey,1785—1859)的代表作《一个英国鸦片服用者的自白》(1821)中的一段文字:"下午四点钟烛光点亮了,家中的地毯,很暖和,一只美丽的手在斟茶,百叶窗关着,大褶皱的窗帘垂落在地板上——此时屋外正风雨交加,簌簌作响。"

一个英格兰瘾君子下午四点的欣快时刻,各种要素都被精确而简洁地呈现:刚刚下午四点,烛光便已点亮:冬季;室外风雨交加的寒冷,具体化为簌簌作响的听觉,反衬出家中

---

[1] Roland Barthes, *PDR*, p.75.
[2] Ibid., p.74.

的温暖；百叶窗关着，大褶皱的窗帘垂落在地板上；私密自在感，一个瘾君子享受下午时刻的最佳环境；更何况，还有"一只美丽的手在斟茶"。巴尔特评论道："这种欣快感的每个要素都可以是一首俳句。"

为什么？因为德·昆西这段简洁文字中提到的下午四点这个时刻，每个要素都非常具体：特定的个体、特定的情景、特定的感受。而俳句是一种"不向普遍性妥协的高度的个体感受……自然的时间单位变成了主体感受到的效果，变成了语言的效果"。

法国作家中，巴尔特最欣赏的普鲁斯特也深谙个体化、特殊性的奥妙（虽然他创作的是长篇小说），这恰好说明，在感性和审美的微妙之处、关键之处，小说和俳句其实会体现出相通的特征。巴尔特将普鲁斯特视作一位"将强烈的个体感受力付诸实践的理论家"，为此他以普鲁斯特在《驳圣伯夫》中的一段话为例："对于我来说，现实是属于个体的，我寻找的不是和随便某位女性，而是和某些特定女性在一起的快感；我要寻找的也不是随便某个美丽的大教堂，而是亚眠的大教堂。"在这个问题上，巴尔特尤其欣赏普鲁斯特1919年致友人信中一句话："普遍性产生于特殊性的顶点。"对此巴尔特在讲稿中写道："'特殊性的顶点'：这也是俳句的标志。"①

---

① Roland Barthes，*PDR*，p. 78.

3. 感性－通感

特殊性依靠什么来实现？一方面依靠具体的、可感知的事物，另一方面依靠特定的个体在特定时刻的感知能力和表达能力。具备这几个条件，语言便不会是陈旧的、俗套的，便有了新意、新的生命力。关于这个问题，巴尔特在课程讲稿中特别提到："在叙述性或知识性的文本中，很久以来我就对其中以具体事物、以物体——大致上说就是那些可以触摸到的东西——为所指对象的那些词汇很敏感。"出于这种敏感，他在每一首俳句中都看到了"至少都有一种可触摸之物（Tangible）"。例如池西言水的这首诗：

> Les fleurs de verveine blanches
> Aussi en pleine nuit
> La voie lactée

> 白色的马鞭草花
> 像是深夜中
> 的银河

这首诗首先令巴尔特着迷的是 Les fleurs de verveine blanches（白色的马鞭草花）在法语音韵上的优美（再次说明：他阅读的是法译文），但这并不是最主要的。最主要的是，"白色的马鞭草花"这个具体的可触摸之物，非常新颖别致，不是"玫瑰""百合"之类陈旧的俗套（stéréotypes）。与这样的俳句相比,法国诗歌(也许由于偏爱理性和抽象的原因)往往缺少具体的"可触摸之物",例如拉马丁的这句诗:Mémoire qui revient pendant les nuits pensives(记忆在沉思的夜晚重新回来),虽然具有某种俳句的感觉:寂静、沉思,然而缺少了一个可触摸之物,因此仍然只是抽象的心理感受而已。

再如马莱伯的这句诗:Que d'épines, Amour, accompagnent tes roses!(爱神啊,多少刺陪伴着你的玫瑰!)"可触摸之物"倒是有:玫瑰和刺,问题在于,至少从中世纪诗人龙沙开始,玫瑰就在法国诗歌中反复出现,早已成了一种陈旧的"可触摸之物",一种毫无新意的隐喻。巴尔特将之与俳句进行对比并分析说:

> 这句诗有两个可触摸之物,但是,首先这是格言式的,具体事物在此只是一种标志而已;其次,这两种可触摸之物都是陈旧的俗套,具体事物在它们身上蒸发了 ≠ 在俳句中,可触摸之物都是新鲜的,因此也是有力的,例如:白色的马鞭草花。①

对具体的、可触摸事物的重视,意味着对感官和感性的重视。在俳句里,我们不仅可以发现大量的可触摸之物,而且还可以发现许多感官同时存在乃至相通(通感, la synesthésie)的现象,例如以下这首俳句:

Soir d'été

Poussière de chemins

---

① Roland Barthes, *PDR*, p. 95.

Feu doré d'herbes sèches （与谢芜村）

夏夜
道路上尘埃
干草的金色火光

尘埃在夏夜里是看不见的，因此它应该不是道路上的尘土，而是空气中飘散的尘埃，它是如何被感知的？被另外一个视觉以及与它相关的嗅觉所感知：干草燃烧的金色火光（视觉）＋干草燃烧的气息（嗅觉）。

再如松尾芭蕉的这首俳句：

Sentiers sur la montagne
Crépuscule sur les cèdres roses
Cloches lointaines

山间小径
暮光映在玫瑰色的雪松上
远处传来钟声

视觉之所见：山间小径、暮光、因为暮光映照而变成玫瑰色的雪松；听觉：远处传来的钟声。两种感官在落日时刻的山间浑然一体，呈现出一种独在的禅味，一种俳句特有的清寂幽玄的意境。

由于俳句对当下的存在、对当下存在的可感知的细节总是非常敏感，巴尔特将其称作是"一种感知的写作"（une

écriture de la perception),而通感的意义则在于"制造出一种整体的感受,具有丰富感官的人体(corps sensuel)置身其中,不再对各感官做出区分,而是变得浑然一体"。①

这种对于俳句的心意相通,源自巴尔特本人所具备的感受力和亲身体验过的感性经历。在一段写于1977年的《于尔特日记》(*Le Journal d'Urt*)中②,巴尔特记录下自己的一次通感体验:

> ……今天早晨感觉到一种幸福,天气(极晴朗、极轻盈),音乐声传来(亨德尔),服用了苯丙胺之后,一边品尝咖啡,一边抽着雪茄,手头握着一支很好用的笔,耳畔传来家中的各种声响……我感觉到一种欣快的愉悦,飘忽和轻盈,感觉一切都是液体状态,像空气般流通、可以饮用(我啜饮着空气、天气、花园),肺部感觉到一种安宁。③

对于巴尔特来说,感性始终具有特殊的价值。被他称作"具有感性的人"(l'homme sensible),是懂得欣赏感性事物、懂得生活艺术、具有丰富情感的人。他对俳句中的感性特征之所以特别重视,主要原因就在于此。在后面的章节里我们还会看到,巴尔特将对感性价值的进一步阐发,并将其视为他心目中的长篇小说和文学符号学的基本属性之一,对此艾尔曼·帕雷作过很好的概括:由于和政治(与世界的权力关系)相对立,巴尔特在关于长篇小说的两门课程中所构想的

---

① Roland Barthes, *PDR*, p. 98.
② 于尔特(Urt)是巴尔特故乡巴约讷的一个村子,巴尔特在这里买下一幢房子,此后每年夏天都和母亲来这里度假。
③ Roland Barthes, *PDR*, pp. 97—99.

美学显然保留了它的古希腊含义,即它与感性(Aisthesis)的根本关系。①帕雷将巴尔特称作"懂得滋味的人"(l'homme des saveurs),他认为巴尔特意义上的这种滋味使文化变成了一种生活的艺术,将生活变成了一种对感性的崇拜。滋味受到赞颂,于是情感成为感性与智性之间的中介符号。语言正是应该在情感中让自己回到源头,从而抵达主体的真实(la vérité du sujet)。②与帕雷一样,米歇尔·福柯在巴尔特去世后的一篇纪念文章中,将他称作是一位"在智性和创造性之间具有罕见平衡力的人"③。

4. 细微差异

如果说特殊性依靠具体的"可触摸之物"得以实现,那么"可触摸之物"的新鲜感——这涉及它的生命力和表现力——又依靠什么实现?巴尔特告诉他的听众:依靠"细微差异"(nuances)。而俳句是最懂得细微差异的。

杉山杉风(Sugiyama Sanpu)的一首俳句:

Si rudement tombe
Sur les œillets

---

① Herman Parret, *La saveur dans les Cours au Collège de France*, in *Roland Barthes en Cours*, Editions Universitaires de Dijon, 2009, p. 26.
② Ibid., pp. 6—7.
③ Michel Foucault, «Voici, en bien peu de temps...», in *Roland Barthes au Collège de France(1977—1980)*, IMEC, 2002, p. 103.

L'averse d'été

如此猛烈地降下
在石竹上
夏日的骤雨

这首诗中的"细微差异"在哪里？巴尔特认为在副词"猛烈地"(rudement)：唯有夏天的雨才是猛烈的，特定季节的骤雨及其听觉因此而新鲜而生动，"如果没有'猛烈地'一词，就没有了夏天和雨声"①。

因为某个特定的细微差异，俳句唤醒了某个"即时回忆"(mémoire immédiate)，让人感觉仿佛一瞬间回到了现场。巴尔特认为诗的功能在某种程度上就在于此，而俳句则是"诗的一种彻底形式"：微妙和彻底，彻底的细微差别。②

巴尔特在分析俳句时，始终把它与西方文化进行对照：俳句的"所指对象"（它所描写的东西）永远都是特殊的，没有任何一首俳句会去考虑某种普遍性。与此相反，"在宏观历史的意义上，也许我们西方存在着某种对特殊性的抗拒，某种普遍化的倾向：对法则、普遍性的兴趣，对于可缩减抽象之物的兴趣，将各种现象同一化的快感，而不是将其差异推到极致"③。

当然在巴尔特看来，西方文化中也有能够意识到抽象化的弊端、懂得细微差异重要性的人，例如弗朗西斯·培根在

---

① Roland Barthes，*PDR*，p. 81.
② Ibid.，p. 86.
③ Ibid.，p. 87.

《新工具》中就作过这样的论述:"人类的头脑在天性上倾向于抽象,以静止的眼光去看待不断变化的事物。与其将自然抽象化不如将其细分(德谟克利特就是这么做的)。"培根正确指出了人类的头脑在天性上倾向于抽象,然而他更为看重的是对自然进行细分。巴尔特认为培根的这段话完全可以用于定义俳句的特征:不是让运动静止,不是将自然界抽象化,而是对其进行区分。①

5. 偶发事件

在巴尔特眼中,俳句的另一个特征体现在偶然性上:俳句是一种关于偶然性的艺术,是特定的个体和特定的自然事物的偶然相遇,是一次"偶发事件"(un incident),因此也是新鲜的、独一无二的、特殊的。

为了说明这一点,巴尔特分别以法国诗人维尔伦和阿波利奈尔两首诗中的关键片段进行对照分析,他将此称作"替换检验"。在他看来,这两个法语诗歌片段看似很接近俳句,但却缺乏偶然性,原因在于偶然性被一种西方文化所偏爱的普遍性愿望败坏了。例如阿波利奈尔的这两句诗:

>En admirant la neige
>Semblable aux femmes nues

欣赏着白雪

---

① Roland Barthes, *PDR*, p.88.

一如裸露的女人

巴尔特评论道：将白雪比喻为裸露的女人，这固然很美，"但这是一种落入修辞生产俗套的比喻"①。

再如维尔伦《秋日之歌》中的开头这几行：

Les sanglots longs
Des violons
De l'automne

秋日里
小提琴的
悠长的哭泣

巴尔特分析说，如果以俳句作为对比，这几句诗的表现方式都流于泛化，更多普遍性而缺少偶然性。"秋日"是普遍性的秋日，而不是某个特定的秋日；"小提琴"也不是某把特定的小提琴，而将小提琴的琴声写成"悠长的哭泣"，则是一种老套陈旧的隐喻，而不是"（陈述）主体只遭遇过一次的偶然体验"。②

在法语诗歌中，其他被普遍性败坏的形式还可以举出关于道德的表达方式，尤其是"道德化的即时记录"。例如维尼的这句诗：L'infidélité même était pleine de toi（正是不忠充满了你）。巴尔特的评论：因为表达的简短，这几乎是一首俳

---

① Roland Barthes, *PDR*, pp. 88—89.
② Ibid., p. 88.

句,同时也不是格言体,但是缺乏感性,只是一个道德观念而已,而道德总是具有普遍性。①

巴尔特以几首日本俳句为例,说明什么是俳句中的偶然性。俳句虽然有非常固定的程式(5—7—5音节,季语),但是却避免了陈旧的俗套。例如在松尾芭蕉这个日本人的全部作品里,著名的富士山竟然只被提到过一次!

>Brume et pluie
>Fuji caché. Mais cependant je vais
>Content

>雾雨蒙蒙
>富士山不见了,而我
>心情愉快

对这首俳句巴尔特由衷地赞叹:诗人唯一一次提到富士山,却是说它不见了、被遮住了。在巴尔特眼中,"这才是写作"②。

另一个例子出自黑柳召波的俳句:

>L'enfant
>Promène le chien
>Sous la lune d'été

---

① Roland Barthes, *PDR*, p. 89.
② Ibid., p. 109.

孩子
携犬散步
在夏月下

巴尔特所看重的是这首诗中偶然性。他认为该诗的偶然性体现在：我们无法怀疑的确曾经有过这个孩子，因为俳句通常都是非虚构的即景记录，它并不去杜撰，去无中生有，它本身具有一种"这事曾经发生过"的确定性：因为恰恰是偶然性本身加强了现实的确凿性。"越是偶然，就越具有真实性。"在中村草田男的下面这首俳句里，偶然性的呈现方式则耐人寻味：

«Ah，puisse-je vivre toujours!»
Voix de femme
Cri de cigale

"啊，我能否永远活着！"
女人的声音
在蝉声鸣叫中

这首俳句是从普遍性开始的："啊，我能否永远活着！"这是再具普遍性不过的一种表达。然而这种普遍性立刻又回到了偶然性上来："女人的声音/在蝉声鸣叫中"，一个非常偶然的、特殊的、个体的时刻，诗人与一个女人的声音和蝉声偶然相遇了。"对于主体（诗人）来说，这是在一个唯一的瞬间、只发生过一次的事情：一个人声，一种声响。"①

6. 空灵的能指

前面我们曾提到，俳句最为巴尔特所欣赏的一点，就在于它极为简洁：仅有17个日文字母（假名），而每个假名只代表一个音节而非一个字义，这意味着17个假名所表达的意义要远少于17个汉字。

对于巴尔特来说，俳句最令他着迷的不是其格律音韵，因为译成法文和英文后，日语原文的格律音韵便不复存在（这就是通常所说的诗歌的不可译性）。俳句最令巴尔特着迷之处，在于其极为简短的"体量"，在于它的"纤小"，因为这种简短和纤小使得俳句与其他诗歌体裁相比，具有"透气性"，"它使得话语空间能够空气流通"②，能让人自由地呼吸，而不会因为充满了意象、意蕴而令人窒息。如果借用中国美学术语，巴尔特也许会说：俳句比其他诗歌体裁更为"空灵"。

巴尔特对于俳句的简短、透气性的这种欣赏是有深刻原因的。首先因为他本人长期以来（大致从1970年出版的《S／Z》和《符号帝国》算起）就拒绝长篇大论式的写作，而钟情于片段写作（écriture fragmentaire），例如1975年出版的《罗兰·巴尔特自述》，以及他在担任法兰西学院教授之前撰写的那部名著《恋爱话语片段》（Fragments d'un discours amoureux）。对于自己为什么要有意识地采用片段写作，巴

---

① Roland Barthes, *PDR*, p. 89.
② Ibid., p. 57.

尔特曾经作过多次阐述。在1975年的访谈《罗兰·巴尔特的二十个关键词》中他说过这样一段话："对于片段的爱好在我身上由来已久,在《罗兰·巴尔特自述》中再次被激活。……我注意到我总是按照一种简短文字的模式进行写作,呈现为片段……这种对于简短形式的爱好如今已经成为惯例。"在这篇访谈里他还指出了自己的片段写作与俳句的相似之处:"在《罗兰·巴尔特自述》中就有某些类似俳句的片段……那是一些有关我童年、青年时代的回忆,只用一两句、最多三句话提及。"[①]

对于巴尔特而言,片段写作是相对于论说文而言的,是对后者有意识的反驳。前面我们曾经提到,在巴尔特眼中,长篇论说文的写作方式是与体系化(systématique)的思维方式(在较为严重的程度上也就是教条化的思维方式)联系在一起的。他在《关于理论的访谈》一文中指出,人文科学中的体系化倾向(在法国)尤其与一种从各级学校教育开始就被不断强化的"论说文"写作方式密切相关。这是一种"连贯系统的、按一定方式编码的、像桌布一样铺展开来的"写作类型,强调形式上的一致性、完整性。[②]

论说文的特点在于,为了形成某个最终意义或结论,人为地安排论述逻辑。巴尔特将逻辑意义视为"逻辑性虚构"的结果:它以真理的面目呈现,然而与真理没有任何天然联系,因而有可能是一种伪真理,例如盛行于西方的各种学说、

[①] Roland Barthes, «Vingt mots-clés pour Roland Barthes», in *Œuvres complètes*, tome IV, p. 856.

[②] Roland Barthes, «Sur la théorie», in *Œuvres complètes*, tome III, p. 689.

各种主义、各种占统治地位的大众舆论、意识形态。尤其让巴尔特警惕的是,自认为真理在握的人,很可能凭借某种权力,强迫他人接受自己的独断论,排斥和压制多元性。

弄清了巴尔特的以上思想背景,我们就能更好地理解他对于片段写作的重视:

> 片段写作打破了我所说的那种铺陈的、长篇论说的形式,那种被建构起来旨在赋予表达内容以某种最终意义的话语类型。……相对于被建构起来的话语的铺陈形式,片段写作是一个搅局者,一种不连贯的形式,它带来的是一种句子、意象、思想的粉碎化,它们中谁也不能最终"成形"(prendre)。①

同样,基于巴尔特的上述思想背景以及对于片段写作的重视,我们就能更好地理解他对俳句这种极为简短、空灵、具有"透气性"的诗歌体裁的推崇。在接受让-雅克·伯劳希耶的采访时(1975),巴尔特告诉伯劳希耶:"我遇到它(俳句)是在几次逗留日本期间。那是一种我深为欣赏、亦即对其怀有很深欲望的形式。如果此刻我想象自己写作别的东西,其中就可能会包括俳句这样的类型。"②

在三次日本之行后撰写的《符号帝国》一书中,巴尔特十多次引用松尾芭蕉、与谢芜村、志太野坡等诗人的俳句进行分析,借以阐发自己的思想。在他看来,俳句类似于西方的

---

① Roland Barthes,《Vingt mots-clés pour Roland Barthes》, in *Œuvres complètes*, tome IV, p. 855.
② Ibid., p. 856.

格言（maxime），非常的简短，但格言的写作目的在于表达一个明确的意义，而俳句的特点体现在它的晦暗（la matité）上：既不生产意义，但也不等于无意义，因为"俳句并不是一个缩小为一种简洁形式的丰富思想，而是一个蓦然找到自己的合适形式的事件"。换言之，俳句既没有使意义固化，又并不离开意义。在符号的能指与所指之间，保持着一种若即若离的、空灵自由的关系。这一点对于巴尔特后来有意识地采用片段写作具有很大的启发作用。

至此我们可以明白，巴尔特推崇俳句的最重要原因在于意义问题，也就是能指（signifiant）和所指（signifié）的关系问题。事实上，在一次接受日本 UMI 杂志记者采访时（1969），他已经一语道出了这个最重要的原因："由于俳句所涉及的意义问题，我对其非常感兴趣。……对于文学来说，真正的问题是它在一种文明的整个意指体系中所处的位置问题。"[1]

显然，俳句除了在审美层面（感性、具体事物、特殊性、个体性）受到巴尔特的喜爱之外，尤其还在意指行为层面呈现出巴尔特所憧憬的一种理想状态：让构成意义的能指和所指之间约定俗成的、非天然的、人为的关系变得不那么紧密、固化、武断，成为一种若即若离的、自由灵活的关系，从而在一定程度上解放能指，使其本身获得某种独立性，而这一切的最终目的，用隐喻的方式说，在于让被意义充塞的话语空间获得"透气性"，让人能够较为自由地呼吸。

这一切所针对的，乃是巴尔特眼里西方文明的某种基础

---

[1] Roland Barthes, «Entretien avec la revue UMI du Japon», juin 1969, in *Œuvres complètes*, tome III, pp. 113—114.

性的东西:尽量赋予一切事物以意义的强烈意愿。前面我们曾经提到,1966年5月至1967年,巴尔特应东京法日学院院长莫里斯·潘盖的邀请,先后三次到日本主持一个"叙事结构分析"的研讨班。后来巴尔特曾对采访他的让-雅克·伯劳希耶回忆说,他在日本的几次逗留期间都过得非常愉快,甚至有过一些与自己平时谨慎性格相反的举动,以及在法国不会有的生命活力。例如,在深夜的东京,在一个他"完全陌生、完全不懂其语言的大都市、世界上最大的城市里游荡"。凌晨四点钟,身处在一些完全陌生的街区,他"总是感到非常的自在","总是非常的快活"。①

巴尔特所感受到的日本,是"一个符号的空间,既非常感性,又非常具有美学意味"。②那是一种体现在日常生活中的"生活的艺术"(礼节、服装、料理、插花、书法、房间装饰等),或者说,"日常生活是被审美化了的",这一点使巴尔特为之着迷。

在思想层面,三次日本之行使巴尔特产生了"某种震动,此前读过的东西被颠覆,受到动摇的意义被撕碎,衰变为一种无以替代的空虚"③。这种此前阅读的、对于生活在西方文化中的人来说乃是基础性的东西是什么呢?在继日本之行后撰写的《符号帝国》一书中,巴尔特这样告诉我们:"西方人

---

① Roland Barthes, «Vingt mots-clés pour Roland Barthes», in *Œuvres complètes*, tome IV, pp. 872—873.

② Roland Barthes, «Entretien avec Jacques Chancel», in *Œuvres complètes*, tome IV, p. 905.

③ Roland Barthes, «L'Empire des signes», in *Œuvres complètes*, tome III, p. 352.

使一切事物无不沉浸在意义里,就像是一种有独裁主义色彩的宗教,硬把洗礼仪式施于全体人民。"①

我们还可以在巴尔特的另外一段谈话中看到他对这个问题的深入阐释。第三次日本之行后,他曾于1968年与《图像和声音》杂志记者基·戈蒂耶(Guy Gauthier)和菲利普·彼拉尔(Philippe Pilard)作过一次谈话,后来以《日本:生活的艺术,符号的艺术》为题收入《全集》。在这次谈话中,巴尔特比较了西方文化与日本文化在符号性质上的差异。在他看来,日本符号体系的独特性在于其空洞性,而"符号之所以空洞是因为日本是一个没有西方意义上的宗教、即一神教的国度。置身这样一个国度会很深切地感受到那种符号观及其实践。在那里关于上帝的符号是空洞的,就是说没有所指。那里的符号没有作为上帝的那个终极所指。我们西方的语义学是与一神教文明相联系的,在诸多符号后面我们还放置了一个所指。我们整个的符号体系用一种超验性、饱满性、中心、意义,一级一级地填充着一个最后的所指"②。

日本之行让巴尔特发现了一种与西方文化迥然不同的、崭新的文化形态。这个发现的重要性在于,它给巴尔特提供了一个比较物,一个反思西方文化的参照系。通过这一比较和反思,巴尔特将西方文化"赋予一切以意义"这一基本特征的终极根源,归结到作为一神教的基督教:一切皆有意义,一

---

① Roland Barthes, «L'Empire des signes», in Œuvres complètes, tome III, p. 405.
② Roland Barthes, «Japon, l'art de vivre, l'art des signes», in Œuvres complètes, tome III, p. 88.

切皆指向一个终极所指:上帝。

不过,巴尔特思想的着眼点并不在基督教本身,毕竟在他所生活的时代,传统的天主教法国已经相当世俗化了。真正让他感到不舒服并力图揭示和质疑的,是基督教给西方文化和思想层面带来的副产品:各种理论、学说、主义,各种意识形态,尤其是力图赋予一切事物以意义的那种强烈倾向和思维方式。

这个观点逐渐成为巴尔特后期的一个主要思想,被他反复强调,包括在他讲授的几门法兰西学院课程里。例如《长篇小说的准备(一)、(二)》里的这段话:

> 西方文明的巨大影响决定了要赋予一切事件报道以某种阐释的借口:这是一种教士的文明,我们总要进行阐释,我们无法忍受简短语言的形式……在我们这里,简短形式必须是充满意味的,例如格言或抒情诗。而俳句(或其替代形式)在我们这里不可能存在。①

与西方文化相比较,巴尔特发现日本的独特性就在于:"那是一个无拘无束的符号系统,强有力而又很精妙,既很发达又很清晰,但其中的符号最终又都是空洞的,总之,那不是一个充满意义的世界,而是一个能指的世界。"②

带着这种比较的眼光,巴尔特在日本人日常生活的诸多细节中都发现了与西方文化迥然不同的能指特征。以饮食

---

① Roland Barthes, *PDR*, pp. 153—154.
② Roland Barthes, «Japon, l'art de vivre, l'art des signes», in *Œuvres complètes*, tome III, pp. 88—89.

为例,西餐上菜从餐前开胃小吃逐步到主菜再到餐后甜点、咖啡,如同一出有序幕有高潮有尾声的戏剧,其中主菜便是一顿饭的高潮或中心,而且每道菜肴在餐盘里的摆设也着意于突出中心食物与周围的陪衬。与之相反,日本料理的各色菜肴或材料(而不是逐道菜肴)是同时铺陈在餐桌上的(在这一点上当然与中国餐相似)。"在餐桌上,在盘子里,食物只不过是一种零碎部分的组合,其中的任何一部分都不具有取食先后上的优先性:进餐不是对一个菜单(一种上菜次序)的遵守。"食者手拿筷子,凭借某种灵感的支配在各种菜肴间随意选用。一旦开始动筷子,一桌菜便没有了中心,"就像一篇连绵不断的文本一样"。巴尔特还具体以"天妇罗"(tempura)为例进行了比较。这种源自葡萄牙的菜肴(面拖油炸鱼或蔬菜)在西方是基督教封斋期(le carême)的食品,因而具有一个宗教意味的所指:斋戒与赎罪。然而,在由葡萄牙商人传入日本后,天妇罗经过日本人的一番改造(从造型摆放到在食客面前现做现炸),它在视觉审美形式方面获得了此前所没有的重要性,而原来具有的基督教意味却不复存在。由于内容被抽空了,它因此转变为一种"空洞的符号"。

类似的比较与发现在巴尔特的日本之行中还有许多。在文学方面,巴尔特最为着迷的是日本的俳句。与让-雅克·伯劳希耶谈话时,他曾坦言对俳句这种形式怀有很深的创作欲望,说如果让他想象尝试别的写作形式,他肯定会写出一些类似俳句的东西。

7. 意义的"脱脂"

俳句带给巴尔特的启示之一,是这种诗歌既没有使意义固化,又并不离开意义。在符号的能指与所指之间,保持着一种若即若离的、空灵自由的关系。前面我们提到,在巴尔特看来,西方文学与日本俳句相比总是充满了意义,无论格言、寓言还是抒情诗,他以维尔伦和阿波利奈尔的诗句进行了说明。

相对于西方诗歌,俳句对眼前事物仅作单纯的即景记录,不附加评论,不附加意义,而是让事物保持其本身的单纯存在,让人和事物之间也保持一种简单的关系。朱莉娅·蓬兹沃(Julia Ponzio)揭示了"细微差异"在俳句中所起的基本作用:每首俳句都是个体与当下即景的一次相遇,在讲述者的个体性与被讲述的当下即景之间,俳句不会去建立任何语义学意义上的联系。[1]因为"俳句所讲述的细微差异已经脱离了某种普遍性,脱离了某种公共话语,脱离了所指与能指之间的某种关系"[2]。

我们可以再看一下巴尔特本人以松尾芭蕉的《古池塘》为例,对这个问题所作的论述:

古池塘
青蛙跳入水中央

---

[1] Julia Ponzio, «Le rythme et les nuances : la dimension musicale du texte», in *Roland Barthes en Cours*, Editions Universitaires de Dijon, 2009, p. 42.
[2] Ibid., p. 44.

一声响

巴尔特以自己独特的视角，对松尾芭蕉这首最著名的俳句进行了解读：

> 当有人告诉我们说青蛙入水的一声响让芭蕉领悟到禅的真理时，我们可以理解为……芭蕉在这一声响中发现的显然不是某种"启示"（illumination）的机缘、某种具有象征意味的过度敏感的机缘，而是一种语言的终结：在某一个时刻语言中止了……正是这种没有回音的中止同时建立起了禅的真理以及俳句那简洁、空灵的形式。因此，作为禅的文学分支，俳句体现着悟（satori），体现着一种旨在**中止语言**的实践，这种语言的空白消除了编码在我们身上的统治，所以，它是对意义的范式（能指与所指之间的约定俗成关系）及其机械性质的嘲笑。①

八年之后，巴尔特在"长篇小说的准备（一）"这门课程里，从另一个角度再次阐发了上述思想。这一次他所强调的是俳句和"偶发事件"（incident）之间的关联。在巴尔特看来，俳句就是对一次偶发事件的讲述：事件即刻具有能指作用……同时又没有任何表达某种普遍的、系统的、教条意义的企图。因此，俳句和偶发事件具有相同的特征，或者说，它们都需要面对相同的困难：迫使自己不作评论，不赋予意义，无论是哪种意义；去除一切评论，让偶发事件无关紧要的性

---

① Roland Barthes, «L'Empire des signes», in *Œuvres complètes*, tome III, pp. 407—408.

质赤裸示人,并且安于这种无关紧要的性质。①

对于巴尔特具有更为特殊启示意义的,也许是俳句与佛教的无(le Mu bouddhiste)和禅宗的悟(le satori Zen)之间的内在联系,这是他三次日本之行所获得的一种崭新认识。巴尔特注意到,俳句与无和悟是彼此呼应的,这种无和悟并不是基督教意义上上帝(终极真理)闪耀着光芒的降临,而是一种"面对事实的醒悟"。②

三次日本之行所发现的"符号帝国"之所以使巴尔特着迷,是因为它正好与西方充满了意义并最终指向基督教上帝这个终极所指的符号体系相反,是一个摆脱了意义重负和意义的机械范式的、空洞的,因而也是空灵自由的符号空间,或者用巴尔特本人的话说,"一个能指的世界",而俳句最为典型地体现了这个"能指世界"的特征:既不产生意义,但也不是无意义,这正是巴尔特所憧憬的理想状态。

在巴尔特看来,西方人使一切事物无不沉浸在意义里,西方文化,即便是简短的格言,也都被赋予了沉甸甸的意义,乃至意识形态。而俳句最大的启示,就在于它对意义的减弱、稀释、"脱脂"(écrémer)。③且看松尾芭蕉的这首俳句:

  Lune éblouissante

  Pour reposer l'œil

  Deux ou trois nuages de temps en temps

---

① Roland Barthes, *PDR*, pp. 153—154.
② Roland Barthes, «L'Empire des signes», in *Œuvres complètes*, tome III, p. 410.
③ Roland Barthes, *PDR*, p. 110.

迷人的月光
闭目养神
不时有两三片浮云

在巴尔特看来，虽然俳句不可能完全"摧毁意识形态成分"，但是至少具有将其悬置、减弱的功能。芭蕉的这首俳句对眼前的即景记录非常纯净，没有任何傲慢的、价值观的乃至宗教的成分在颤动，因此他从中看到、感受到、听到了某种对意识形态成分的稀释，而这种稀释令人陶醉，令人感到非常的欣悦和安宁。①再如芭蕉的另一首俳句：

Les fleurs tombent
Il ferme la grande porte du temple
Et s'en va

花落下时
他关上了寺庙大门
然后离去

极为简洁的即景记录，不添加任何评论，不刻意制造任何有意味的"效果"。在巴尔特看来，这首俳句的妙处就在于："我们感觉自己被拦在了'效果'的边缘，这恰恰就是布朗肖在《无限交谈》中所说的'中性'：中性也许就出现于某种几乎不在场、没有效果之效果的状态里。阅读这首俳句时，

---

① Roland Barthes, *PDR*, pp. 109—110.

我们就处在这一"几乎""差不多"之中:通过写作,有某种东西在"起作用",但却不是一种"效果"。巴尔特强调,"俳句的这种'难以把握'显然与禅宗有着关联"。①

而西方的话语之所以追求意义和效果,是因为西方人将话语视作"通往真理的途径",无论是出于宗教目的还是世俗的意识形态目的。与之相比,俳句的即景记录仅仅是"对存在之物的赞同(assentiment)",因此巴尔特认为,俳句是一种对意识形态成分进行"脱脂"的艺术,也就是去除话语对现实的评论,即便是潜在的评论。"也许最美的俳句 = 那些把某种反意义斗争的芬芳作为痕迹保留下来的诗作。"②

8. 业余主义与创作欲望

在讲稿《长篇小说的准备(二)》中,巴尔特多次表达了他对文学的热爱,但他痛苦地意识到,文学在粗鄙的当代社会不仅日益边缘化,而且是在逐渐面临死亡。他曾写下这段令人动容的话:"对文学的这种欲望恰恰因为我感到它正在日趋衰弱,正在被废除而有可能更加强烈:在此情况下,我对它的爱铭心刻骨,甚至令人震动,就像我们去爱、去拥抱某种即将死亡的东西一样。"③

安托瓦纳·贡巴尼翁在分析为何巴尔特会在课程中用大量篇幅讨论俳句时注意到,作为批评家,巴尔特数十年来

---

① Roland Barthes, *PDR*, pp. 110—111.
② Ibid., p. 110.
③ Ibid., p. 353.

几乎从未关注过诗歌,但是俳句却深刻地影响了他,为此贡巴尼翁提出了一个非常有见地的看法:由于俳句的鲜活及其在当代社会仍然保有的生命力,这种具有高度审美特征的诗歌让巴尔特突然间发现,文学获得拯救的可能性,就存在于以俳句为代表的诗歌中。①

前面我们曾就通感问题,讨论过巴尔特在一段《于尔特日记》(1977 年 7 月 20 日)中记录的感受:

> 下午 6 点左右睡在我的床上……窗户敞开,外面是灰蒙蒙一天结束时更为明亮的时刻,我感到一种飘动的、稀释般的欣快:一切都是流体状的、通透的、可以饮用的(我饮用着空气、天气、花园),肺部有一种平和感。由于正在阅读铃木大拙,所以我似乎接近了"寂"的境界……②

在《长篇小说的准备(一)》中,巴尔特提到了这段日记带给他的一种困惑和遗憾:

> 为什么我无法言说这种欣快、这种通感——将这种感觉写成一首俳句(或者某种类似的简短形式)?因为我的文化没有为我提供这种形式——没有为我提供完成一首俳句所需要的手段,也就是说:因为在我们西方,这种形式是没有读者的:譬如我会被指责为"故作娇媚",因为西方 = 男性气概的心理情结。③

---

① Antoine Compagnon, *Les antimodernes*, Editions Gallimard, 2005, p. 436.
② Roland Barthes, *PDR*, p. 99.
③ Ibid., pp. 99—100.

俳句简洁的即景记录，在西方人眼里是远远不够的，西方文学通常会将这类即景记录作进一步的展开、深化、升华，总之要进行一段漫长的修辞工作（象征、隐喻、教谕），以便赋予其"某种精心雕琢的思想"。

早在《符号帝国》里巴尔特就注意到，俳句完全没有这些寓意的、思想的、意识形态的诉求："它给予了西方人某些他的文学所不愿接受的权利……俳句说，您有权利写一些微不足道的、简短的、日常性的事情，将您的所见所感纳入一个纤小的词语视域，这样您就会让人产生兴趣。""俳句令人产生欲望，换言之，我们产生了自己写作俳句的欲望。"①在八年后撰写的课程讲稿《长篇小说的准备（一）》里，巴尔特不仅再次表达了他对俳句这一特点的欣赏，而且进一步解释了这种欣赏背后的原因。

勒内·希费尔的《日本文学》一书让巴尔特注意到一个有趣的现象：俳句作为一种大众均可参与的创作形式，类似于现代社会流行的"全民体育运动"，在日本人的日常生活中仍然占据着重要位置：60 种专门的刊物，拥有为数众多的读者群，一些报纸会为俳句开设专栏，例如每周日出刊的《朝日新闻》，会约请三位杰出诗人向读者介绍俳句业余爱好者的成功之作。②

这让巴尔特开始反思，为何文学发达的法国却没有类似的大众广泛参与的诗歌创作活动。他认为自从西方产生了

---

① Roland Barthes, «L'Empire des signes», in Œuvres complètes, tome III, p. 403.
② Roland Barthes, PDR, p. 63.

大众媒体和大众文化以后,文学创作(生产)日益专业化,专业作家负责生产,普通人则变成了纯粹的消费者,他们的创作欲望在纯粹的"产品"消费文化中熄灭了,由业余爱好者创作的诗歌、歌曲完全被边缘化了,因此在法国不存在可以接纳生产欲望的真正大众化的诗歌形式。①

另外就诗歌体裁本身而言,俳句即景记录的简短形式使其始终葆有生命力,而法国却缺乏这种类型的诗歌体裁:法国的主要格律诗亚历山大体因为其结构而显得滞重甚至可笑,只适宜叙事,很难想象普通大众会有兴趣和能力采用这种体裁进行日常创作。②

然而在巴尔特心目中,普通人的业余创作具有非常重要的意义。1975年,在接受《文学杂志》记者让-雅克·伯劳希耶的一次访谈中,巴尔特曾就业余爱好者(amateur)作过如下阐述:

> 这是一个令我感兴趣的主题。我可以从纯粹实践的和经验的角度来谈:在空闲时,我会完全作为一个普通业余爱好者摆弄一下音乐、画点画。业余爱好者状态的巨大好处,在于它不包含想象界,不包含自恋。当你作为业余爱好者画一幅素描或者油画时,你不会去操心意象(imago),不会去操心在画这幅素描或者油画时你将展示给人的自我形象。因此这是一种解放,我几乎想说是一种文明的解放。这应该是包含在傅立叶式的理

---

① Roland Barthes, *PDR*, *p.* 62.
② Ibid., p. 63.

想国里的。在这样一种文明中,人们行动时不会去操心自己将在别人心目中造成的形象。①

与业余爱好者相对而言,以艺术作为职业的人,无疑首先必须操心这份职业的收益情况,如果这真的是其谋生手段的话。但这种操心并不一定存在于他从事艺术行为(演奏音乐、绘画)的那个时刻。对于专业艺术家而言,在从事艺术行为的那一刻所操心的,是必须表现什么。这是他从一开始学习艺术就被郑重告知的:必须表现某个主题、某个意境,这是一切艺术从业者的金科玉律。"表现"是一个艺术从业者基本的使命、责任,否则你从事艺术"为了什么"?然而,任何主题、意境都只能是艺术家带有其个体色彩的主题、意境,都只能是其自我的投射,因此任何"表现"必定是自我的表现。

一个人在从事艺术行为时如果不是关注这个行为本身,而是操心通过这个行为自己将会展示给他人的形象,他的这种操心就包含了一个自我表现的意图:将自己表现给别人看。或者更通俗地说,表演给人看。这种表现意图也许是人性最深刻、最根本的构成因素之一,它表明在普遍情况下,我们总是将自我的投射视为艺术行为的目的,而将艺术行为本身仅仅视为自我投射的手段而已。然而,这种自恋却使我们丧失了一些弥足珍贵的东西。首先是对当下的、直接的、物质性的、感性的在场(présence)的感受,这对于以感性为基本特征的艺术行为而言尤其珍贵。

---

① Roland Barthes,《Vingt mots-clés pour Roland Barthes》, in *Œuvres complètes*, tome IV, p. 861.

巴尔特少年时代曾经跟姑妈学习过钢琴,并且(作为一个业余爱好者)将弹奏钢琴的习惯一直保留下来。他回忆说:

> 我很小就习惯了在手指跟得上的情况下看着谱摸索弹奏,而这很符合业余爱好者的行为。虽然节奏较慢、音符也不准,但我还是进入音乐作品的物质性(matérialité)之中,因为这是依靠我的手指实现的。音乐中的全部感官快感(sensualité)并非纯粹是听觉方面的,而且也是肌肉方面的。①

这是一段精彩的论述,它提醒我们艺术活动首先是感性的活动,是诉诸我们感官的活动:弹奏钢琴这种音乐行为不仅仅是听觉的,而且也是触觉的,是"肌肉方面"的。如果按照深谙艺术三昧的马塞尔·普鲁斯特的理论,那么我们甚至完全可以说,音乐中的全部感官快感不仅纯粹是听觉方面的,而且也是演奏(或者聆听)音乐的当口诉诸我们触觉、视觉、嗅觉甚至味觉的一切感受(包括想象中的感受)。一言以蔽之,我们在演奏(或者聆听)音乐的当口所身处其中的整个感官氛围,构成了我们的全部音乐感官快感来源。②正如恩斯特·卡西尔所说:"可以感知到的'现在'如此宏大,以致其他万事万物在它面前统统萎缩变小了。"③而当我们专注于"表现"某个主题、意境时,便会丧失这种"音乐感官快感",丧失

---

① Roland Barthes, «Vingt mots-clés pour Roland Barthes», in *Œuvres complètes*, tome IV, p. 861.
② 参见:Marcel Proust, *A la recherche du temps perdu*, tomes I et VII, Gallimard, 1999.
③ 恩斯特·卡西尔:《语言与神话》,于晓等译,北京:生活·读书·新知三联书店,1988年,第59页。

这种"在场"感,也就是丧失对音乐的物质性、直接性、个别性的感觉。因为我们所力图"表现"的东西(主题、意境),都是非物质性的、间接的、抽象概念的(普遍的)。与专业艺术家相反,业余爱好者没有必须"表现什么"的使命,没有这种责任带来的负担,因此巴尔特说:"业余爱好者的身体与艺术之间的接触是非常密切的、在场的(présent)。这正是美好之处和未来所在。"

不过在巴尔特看来,在艺术行为中操心"表现"所导致丧失的,还不仅仅是物质性与感受性,而且更是它们所包含的眼前的、直接的乐趣。在《罗兰·巴尔特自述》(1975)的"弹钢琴,指法"一节,他提到自己在弹奏钢琴时"从来不遵守写定的指法",并且分析了这样做所包含的意味:

> 不论好坏,每次弹奏我都是即兴安排手指的位置,因而要不出错我就无法弹奏。其道理显然是我想要得到一种即刻的音响乐趣并且拒绝矫正的麻烦,因为矫正妨碍了(眼前的)乐趣——当然,正如人们所说,那是为了以后更大的乐趣(就像众神对俄耳甫斯说的那样,人们对弹琴者说:不要过早地考虑您的演奏效果)。于是,在人们想象的但是永远无法真正达到的完美音响之中,我所弹奏的片断听起来就像是一段幻觉:我愉快地服从于幻觉的命令:"直接地!"哪怕是以现实感的重大损失作为代价。①

---

① Roland Barthes, *Roland Barthes par Roland Barthes*, Editions du Seuil, 1995, pp. 71—76.

事实上，巴尔特很早就体会到了作为业余爱好者在练习音乐时所得到的乐趣。在巴黎求学的少年时代，他每到假期都会回到巴约讷的祖母和姑妈家度过。除了读书以外，他经常练习音乐，因为姑妈是一位钢琴教师。他回忆说："我在那儿整天都会听到这种乐器（甚至连音阶练习都不会使我感到乏味）。"①巴尔特将业余爱好者定义为"爱好绘画、音乐、体育、科学但无意精通或参加竞赛的人"。就创造、成就而言，"他完全不是什么了不起的人"，但是他却能享受专业人士往往丧失了的东西：保持对一样事物的喜爱并且享受这种喜爱所包含的乐趣。由于没有外在目的（精通某个专业、参加竞赛），业余爱好者能够"延长他的享乐"。事实上，"业余爱好者"的拉丁词源 amator 的本意就是指"喜爱和保持喜爱的人"。

回到俳句带给巴尔特的最后一个启示："俳句令人产生欲望，换言之我们产生了自己写作俳句的欲望。"②他欣赏俳句在日本当代文化中仍然葆有的新鲜活力，尤其欣赏俳句的创作并非为专业诗人保留，而是拥有广泛的"群众基础"，吸引了众多"业余爱好者"的积极参与。现在我们不难看到，这个启示与巴尔特关于业余主义的思想，有着深刻的内在联系。同样，在后面的章节里我们将会看到，有关"业余主义"的思想与巴尔特在法兰西学院课程中所要讨论的内容，也有

---

① Roland Barthes, «Réponses», entretien filmé avec Jean Thibaudeau pour la série des «Archives du XXe siècle», *Tel Quel*, automne 1971, in *Œuvres complètes*, tome III, pp. 1024—1025.

② Roland Barthes, *PDR*, p. 62.

着深刻的内在联系。在理解了他有关业余主义的思想后,我们就能从这个特殊角度更好地了解在他的课程讲稿中,何谓"长篇小说",何谓"长篇小说性",何谓"文学符号学",以及每门课程的"幻想"性质和"乌托邦"的真实含义。朱莉娅·蓬兹沃有一段论述,非常准确地概括了后一种内在联系的关键所在:

> 俳句可以被看作是长篇小说的萌芽,也就是巴尔特所说的"写作的欲望"(désir d'écriture),这种写作欲望构建起了一切文本的深层维度,以及新生命的可能性,走出日常生活的循规蹈矩的可能性,也就是走出意义的机械重复的可能性。①

---

① Julia Ponzio, «Le rythme et les nuances : la dimension musicale du texte», in *Roland Barthes en Cours*, Editions Universitaires de Dijon, 2009, p. 49.

第五章

为所爱之人作证

1. 母与子

在第三门法兰西学院课程"长篇小说的准备（一）"共137页的讲稿中，巴尔特用了82页，也就是3/5的篇幅，专门讨论日本的俳句，以及俳句带给他的多重启示。然而巴尔特从未忘记他在"长篇小说的准备（一）"和"长篇小说的准备（二）"中真正要讨论的关键词是：长篇小说。那么，俳句和长篇小说之间究竟存在一种什么样的关系、一种什么样的内在论述逻辑？在此我们有必要作一个简要回顾。

首先需要记起的是第三门课程的完整标题——"长篇小说的准备（一）：从生活到作品"。这门课程的一开始巴尔特就告诉听众：关于长篇小说的准备，关于从生活中为长篇小说提取什么样的素材，他个人的回答是：这些素材不应该取自过去，而应该取自当下："我的当下才是我所希望的小说素材"（关于这个回答的背景原因，我们将在以下文字里很快提及）。如此一来，关于素材的两个问题自然就从第一个转到了第二个：如何从当下提取素材。

将眼前的事物、当下的时刻和感受记录下来的行为，在法语里就是动词noter及其名词形式notation，也就是我们按照巴尔特的上下文所意译并一直在使用的"即景记录"。巴尔特所说的notation主要是指随手的、即兴的、简短的记录，与通常所说的作家的"创作笔记"并不完全相同，因为后者也有可能并不强调当下、即景和简短。因此巴尔特并不考虑将小说作家的"创作笔记"作为研究对象，而是"宁愿绕一个大弯，选择一种完全不具备小说性质，但在世界文学史上应当是一切素材笔记之完美典范的写作形式，那就是日本的俳句（le haïku）"①。用更简明的话说，巴尔特之所以选择俳句作为研究对象，是因为对于他所看重的"即景记录"而言，俳句最具有典型特征。

按照巴尔特的讲课思路，在充分介绍了俳句作为"即景记录"最佳范例的特征之后，他下一步要转入的话题便是：如

---

① Roland Barthes，«Résumé du cours La Préparation du roman», in *Œuvres complètes*, tome V, p. 733.

何从简短的"即景记录"过渡到长篇小说的撰写准备?这是他在分析讨论俳句之前,就已经准备好的自我设问:

> 如何从写作简短评述,也就是笔记,转为写作长篇小说?如何从不连贯性转为流淌(或者铺陈)?对我来说这是一个心理—结构的问题,因为这意味着从片段转为非片段,也就是改变我和写作之间的关系,改变我和陈述行为之间的关系,而且也就是改变我和作为主体的我自身的关系。①

此外,他还在课堂上事先说过一句意味深长的话:"然而我们将会看到,俳句的这种至高无上的善是暂时性的:光有它还不够(因此这还不是真正至高无上的善),所以,作为本课程开设的理由,就有了对长篇小说的呼唤。"②

为什么说以上这句话意味深长?为什么说光有俳句还不够,还要有"对长篇小说的呼唤"?这背后的原因说来话长,因为它涉及第二门课程"中性"之后、第三门课程"长篇小说的准备(一)"的讲稿开始撰写之前,巴尔特个人生活中突然发生的一次重大变故。

1977年夏天,巴尔特来到法国西南部自己的老家巴约讷,在于尔特村他的乡下别墅撰写第二门课程的讲稿《中性》。这是他和年迈的母亲在此度过的最后一个夏天。两个

---

① Roland Barthes,*PDR*,p. 46.
② Ibid.,p. 61.

月后(1977年10月25日),84岁的母亲溘然长逝。

母亲的离世在很大程度上改变了巴尔特的学术生涯、精神世界乃至人生轨迹,他突然间陷入了长达8个月的沉默,除了私人日记以外,没有留下任何一篇公开发表的文字,这对于一个以写作为基本生存方式的人而言,显得尤其异乎寻常。①此后的28个月里,巴尔特先后撰写了8篇不同类型、不同篇幅的文稿,然而这种写作状态并没有维持太久,在母亲去世两年零四个月后,年近65岁的巴尔特本人也撒手人寰。1980年2月25日,巴尔特在走出法兰西学院时,被学院街上一辆小型卡车撞伤,随即被送进萨勒佩特里耶医院(l'hôpital de la Pitié-Salpêtrière)抢救,然而一个月后,他却不治而亡,追随母亲而去。

巴尔特与母亲一起在于尔特乡下别墅度过的最后那个夏天,埃里克·马尔蒂(后来成为《罗兰·巴尔特全集》的主编)亲眼见证了62岁的巴尔特与老母亲"如同一个人"的关系:

> 如果说巴尔特是(于尔特村)那座房屋中的头脑的话,那么他的母亲……则是那座房屋中的灵魂。当身体感觉好一些的时候,她有时会在巴尔特的搀扶下走下楼来。我无法不让自己想到《追忆似水年华》中叙述者的外祖母。②

---

① 在埃里克·马尔蒂编辑的五卷本《罗兰·巴尔特全集》(瑟伊出版社,2002)中,从1953年出版《写作的零度》算起,巴尔特每年都有相当数量的著述发表,其中包括专著、文章、课程概述、各类访谈等。

② Eric Marty, *Roland Barthes, le métier d'écriture*, Editions du Seuil, 2006, p.60.

在《罗兰·巴尔特最后的日子》一书中,埃尔维·阿尔加拉隆多(Hervé Algalarrondo)则讲述了那个夏天巴尔特母子间一则真实的故事:

> 罗兰。认识他母亲的人都说,她总是把这个名字挂在嘴边。在她生前的最后那个夏天就曾有过这么一幕,那是在巴约讷附近的于尔特村,他们的乡下住宅。由于心脏越来越衰弱,两腿日益沉重,她把自己关在二楼的卧室里,几乎已经不再出门。为了接待从邻近的热尔过来的一对孪生兄弟,她下楼来到了客厅。下午快结束的时候,大师将客人领到花园。母亲的声音此时便响了起来:"罗兰,把你的围巾围上,天凉。"儿子没有任何的不快,恰好相反:"好的,妈妈,我马上就围。"①

此时的罗兰·巴尔特已经年过花甲,但在 84 岁老母亲的眼里,他永远是需要关心的孩子;而在巴尔特的心理上,自己在母亲身边也永远是一个孩子。

1976 年的罗兰·巴尔特,凭借一系列脍炙人口的著作,已经成为法国学术界和文化界的名人,他之所以愿意离开工作多年的高等研究实践学院,离开那个让他感觉非常惬意的工作环境,到法兰西学院担任文学符号学教授,部分原因就是他希望送给年迈且久病不愈的母亲一份礼物,尽一份孝心,让母亲为他这个儿子感到骄傲。②据当时出席巴尔特就职

---

① Hervé Algalarrondo, *Les derniers jours de Roland B.*, Editions Stock, 2006, p.14.
② Ibid., p.17.

演讲的人回忆,1977年1月7日的那一天对于巴黎整个知识界和文化界都是一件盛事,而巴尔特本人所特别关心的,却是在讲台附近专门给自己的家人预留座位,并亲手搀扶着年迈且生病的老母亲慢慢走到座位前坐下。如果套用中国儒家的说法,我们完全可以说,巴尔特是一个真正意义上的孝子,而他的这份孝心很及时,因为就在他发表《就职演讲》后9个月,母亲便离开了人世。①

母亲去世的当天,巴尔特给忘年交埃里克·马尔蒂打电话,希望他到于尔特村一起守灵。马尔蒂回忆说:"走进那间停放着她遗体的屋子后,由于不知道该做些什么,我便跪了下来,就像做祈祷时一样,这似乎并没有让他觉得惊讶。随后我们进到他的房间。他开始哭了起来。"②母亲去世一年半后,巴尔特始终无法从丧母之痛中解脱出来,他在《明室》中写下了这样的文字:

> 据说,失去亲人的过程会逐步慢慢地抹去痛楚,我此前、现在都不能相信这种说法,因为对于我而言,时间消除的只是失去亲人时的激动情绪(我没有哭泣),仅此而已。至于其他则丝毫没有改变,因为我失去的不是一个人(母亲)的形象,而是一个活生生的人,甚至不仅是一个人,而是一种品质(一颗心灵):它不是必不可少,而

---

① Louis-Jean Calvet, *Roland Barthes*, Editions Flammarion, 1990, pp. 259—260.
② Eric Marty, *Roland Barthes, le métier d'écriture*, Editions du Seuil, 2006, p. 64.

是无可替代。①

当我们知道了巴尔特是在怎样一种可怕的、近乎绝望的心情下写出《明室》这本书,就能在貌似平静的字里行间,读出那隐藏着的巨大的情感张力,那每一句貌似平静的话语,都是一个处在理智边缘的人强行抑制着即将爆发的情感火山在喃喃诉说,每句话都是一声痛苦的哀鸣,一声绝望的呐喊,所谓痛定思痛,所谓刻骨铭心,应该就是巴尔特当时心境的真实写照。半个多世纪里,母子连心,如同一个人,母亲死了,巴尔特觉得自己的生命也随之而去。事实上,仅仅两年零四个月后,他真的追随母亲而去,与母亲长眠在于尔特村墓地的同一处墓穴中。

2. 但丁的启示

母亲去世半年后,巴尔特出差来到摩洛哥。1978年4月15日,他在卡萨布兰卡突然间产生了"顿悟"。②他在后来撰写的讲稿《长篇小说的准备(一)》中提到,这次"顿悟"的结果是,他决定从此"皈依文学"(la conversion «littéraire»),也就是作为一个批评家,他决定(或者更准确地说是希望)皈依文学创作:

我苦思冥想,产生了一个念头:某种好似皈依"文

---

① Roland Barthes, «La Chambre claire», in Œuvres complètes, tome V, p. 850.
② 此处巴尔特使用的是禅宗"顿悟"一词的日语译音 Satori,早在《符号帝国》(1970)中,他就使用过该词。

学"的东西——浮现在我脑海里的就是这两个非常老旧的字眼:进入文学,进入写作,就像自己从未做过的那样写作:以后只做这件事情 → 首先是突然产生了离开法兰西学院的想法(因为讲授课程经常与写作发生矛盾),后来又想到把课程和工作纳入这同一桩(文学性)事业中,终止主体的分裂以便投入一个唯一的计划,宏伟的计划:快乐的图景,假如只给自己定下一个唯一的任务,譬如在做完事务性工作(授课、应付各种请求、各种委托、各种限制)之后无须再感到气喘吁吁,而是让生活的所有时刻从此都融入这个宏伟的计划之中 → 4月15日那一天:总之仿佛一种"顿悟",一种刺眼的目眩,类似于……普鲁斯特笔下的叙述者在《重获的时光》最后所体验到的那种启示……①

我们注意到,母亲之死几乎彻底改变了巴尔特的精神世界和学术思想中关注的对象。在此前的法兰西学院《就职演讲》中,他关注的主要还是"无处不在的权力"和语言、文学之间的关系问题;之后的第一门课程"如何共同生活"侧重于伦理学,第二门课程"中性"主要探讨如何消解二元范式。然而,就在第二门课程讲稿尚处在撰写过程中的时候,他的母亲却撒手人寰。如前所述,此后的巴尔特陷入了长达8个月的沉默期(除了按原计划继续完成《中性》)。在这段时间里,他究竟在思考什么?他的思想、他的内心世界究竟处在一种什么样的状态?由于没有直接的资料,对此我们当然无从知

---

① Roland Barthes,*PDR*,p. 32.

晓。我们只知道,第二年(1978)夏天,他照例来到南方的于尔特村别墅,开始构思和撰写来年初要在法兰西学院讲授的第三门课程。①

新课程的讲稿题目叫《长篇小说的准备(一):从生活到作品》,这是 8 个月的沉默期后,巴尔特写下的第一篇文字。由于撰写于特殊时期,这份讲稿具有了一种特殊的意义。新课程的副标题是"从生活到作品",读者很自然地会猜测,巴尔特这里所说的"生活"是否具体有所指?"作品"是否也具体有所指?如果通观《长篇小说的准备(一)》和第二年撰写的讲稿《长篇小说的准备(二)》,我们不难找到上述问题的答案。首先,巴尔特所说的作品并非泛指,因为他在这两门课程中,都明确谈到了对撰写一部"为自己所爱的人作证"的长篇小说的憧憬,就像普鲁斯特通过《追忆似水年华》所做过的那样;其次,巴尔特留下的数页《新生》构思手稿表明,他所说的生活也并非泛指,他在自己所憧憬的那部长篇小说里希望叙述出来的核心内容,应该是他与母亲几十年相依为命的生活经历,包括母亲离他而去这一残酷的事实,以及他对母亲刻骨铭心的挚爱和无尽的哀思。

巴尔特去世 23 年后,《长篇小说的准备(一)》这份讲稿于 2003 年由瑟伊出版社和当代出版记忆研究所联合出版。仔细阅读这部讲稿,并将其与巴尔特在母亲去世后撰写的另外 7 篇文字加以对比,我们不仅能了解到他在人生最后两年

---

① 罗兰·巴尔特是法国南方人,于尔特村离他的出生地巴约讷约 20 公里。

零四个月里的精神状态和心路历程,而且还会进一步发现,这个时期他的文学观、审美观、价值观乃至生命观,都发生了彻底的、根本性的改变。

讲稿一开始就提到"人生的中途"(Le «milieu» de la vie)①,这个说法取自但丁《神曲》"地狱"篇第一行诗:"人生的中途,我迷失在一片黑暗的森林中。"②但丁的恋人贝雅特里齐死于1290年,五年后,但丁将赞美贝雅特里齐的诗歌汇编成一本诗集,题为《新生》(La Vita Nuova)。在这部诗集的结尾处,但丁提到要为他的心上人竖立一座从未有人为一个女子竖立过的纪念碑,这座纪念碑,就是他用后半生写成的不朽诗篇《神曲》。而他在"地狱"开篇写下"人生的中途"这句诗时,年届35岁,以70岁为一生,正好处在"人生的中途"。

巴尔特说自己早已过了人生一半的实际年龄(他时年63岁),但是却"明确地感到"自己像但丁一样,也到达了"人生的中途"。③为什么会突然会产生这种到达"人生的中途"之感?巴尔特提到了三个原因。第一是意识到自己的生命已经"来日无多",到了应该考虑如何度过余生的转折点;第二是不愿意再重复做那些已经做过的事情,希望从此以后能做点新的事情。这两个原因固然是巴尔特的真实想法,但都仅仅是次要的、表面的。真正具有决定性的原因,乃是他含蓄

---

① 《长篇小说的准备(一)》开篇第一节的标题为"人生的中途"。
② Dante:«Nel mezzo del Cammin di nostra vita»,中译文参见:但丁:《神曲》,王维克译,北京:人民文学出版社,1989年,第3页。
③ Roland Barthes, *PDR*, p. 26.

提到的第三个因素：母亲之死。之所以说是含蓄提到，是因为巴尔特说出这个原因时毕竟是在法兰西学院的课堂上，面对的是许多慕名而来，但对于他而言却是完全陌生的听众①，除了少数真正了解他的朋友外，大多数听众并不可能真正懂得母亲之死对于巴尔特意味着什么，而他也不可能将自己内心深处的强烈悲伤完全公开。然而，正是母亲之死这个重大变故，才是让巴尔特产生突然到达"人生的中途"之感的真正原因。按照他自己的说法，这一事件仿佛是一个分水岭，将他的人生截然分为"此前"（avant）和"此后"（après）。②写下这句话的巴尔特没有预料到，这个"人生的中途"的"此前"是 62 年，"此后"只有短短的两年零四个月。

巴尔特在《长篇小说的准备（一）》中明确告诉我们，他所说的"皈依文学"不再是文学研究，而是指文学创作：一种"新的写作实践"（une nouvelle pratique d'écriture）。为什么巴尔特要强调是一种"新的写作实践"？这里我们需要简要回顾一下他此前 25 年的著述类型，它们大致可以分为两大类，一类是学术性较强的结构主义和符号学研究著作，例如《符号学要素》（1964）、《叙事作品结构分析导论》（1965）、《时装体系》（1967）；另一类是为他赢得更大声誉、从内容到形式都别具一格因而"难以归类"的著述，其中包括《神话集》（1957）、《S/Z》（1970）、《符号帝国》（1970）、《文本的愉悦》

---

① 与普通大学不同，法兰西学院的课程是面向社会公众开放的，这是它自 1530 年由弗朗索瓦一世创立之初就被赋予的独特之处。
② Roland Barthes, *PDR*, p. 28.

(1973)、《罗兰·巴尔特自述》(1975)、《恋人话语片段》(1977)等。这类著述的共同特点在于，它们既不是标准意义上的学术写作，也不是通常意义上的文学创作，而是将关于语言、符号、意义的学术研究，以及关于政治、意识形态、精神分析学的思考融为一体，转化为一种别具一格的"有意味的形式"，即巴尔特非常看重和推崇的"片段式的写作"，直到母亲去世之前，这种片段写作已经成为巴尔特独特的风格标志。

然而在《长篇小说的准备(一)》中，巴尔特指出"新的写作实践"将与此前的两类写作迥然不同。现在他所向往的，是创作出一部表达爱的作品，他将构想中的这部长篇小说的创作定义为一种"爱的行为"(acte d'amour)：

> 这里所说的不是情爱，而是博爱(amour-Agapè)……情爱 = 谈论恋爱中的自我 = 抒情性；而博爱则是：谈论我们所爱的他人(长篇小说的性质)。……爱 + 写作 = 承认我们所识所爱之人的正当权利，也就是(在宗教意义上)为他们作证，也就是让他们得以永生。①

就内容而言，这部构想中的"长篇小说"不会是纯粹的虚构，而是会具有较强的自传性，在此意义上大致类似于《罗兰·巴尔特自述》，甚至普鲁斯特的《追忆似水年华》。就形式而言，巴尔特所构想的这部作品不会是传统意义上的长篇小说，不会有某个一以贯之的故事情节，在一定程度上可能会延续他的"片段式写作"风格：既不是纯粹的叙事，也不是

---

① Roland Barthes, *PDR*, p. 40.

单纯的随笔或思辨,而是以片段写作的方式,将各种文类融为一体,包括日记、对各种偶发事件的记载、读书笔记、各种思绪,但是行文会从纯粹的片段式转为比较连贯,会有更多的人物描写和更多的叙事成分。最重要的是,这部"长篇小说"的主题,将毫无疑问是对母亲的追忆,因为巴尔特在接下来撰写的《长篇小说的准备(二)》中多次明确提到,他希望能够讲述自己所爱之人曾经的存在,就像但丁曾经做过的一样,这就解释了为什么他会对但丁关于"人生的中途"的那句诗产生强烈共鸣:但丁在他人生的中途开始了《神曲》的创作,为自己所爱的人"竖立一座纪念碑",这个先例让巴尔特产生了为自己挚爱的母亲也创作一部纪念碑式的作品的愿望。

3. 普鲁斯特(一)

不过,与但丁相比,巴尔特和普鲁斯特之间有着更多的相似之处:他们失去的都是母亲,他们都是同性恋,都终生未婚,没有自己的家庭,母亲对于他们就意味着这个世界上最美好、最值得依恋的东西,失去母亲,对于他们而言就意味着失去了生活的目的和意义。普鲁斯特在母亲去世后,最大的愿望就是在有生之年写出一部"唯一的书",献给自己的母亲,那个世界上他最爱的人。经过一段艰难的犹豫彷徨,普鲁斯特终于在1909年10月开始了构思已久的《追忆似水年华》的创作。这部内容极为丰富的伟大作品虽然涵盖了从1870年普法战争到第一次世界大战的法国上流社会历史,但是其创作最核心的动机,乃是母亲去世之后那份刻骨铭心的怀念。在普鲁斯特心目中,母亲代表着他曾经有过的天堂,母亲的去世,意味着天堂的一去不复返。① 下决心创作《追忆似水年华》,对于普鲁斯特来说就是希望借助艺术的手段(长篇小说),找回那失去的天堂。在这部小说中,普鲁斯特将母亲化身为叙述者的母亲和外祖母两个人物,让她们分别代表着不同的美德。虽然母亲和外祖母在这部小说中并不占据最中心的位置,但是她们却代表着叙述者心中那"失去了的天堂",没有了她们,就不可能有《追忆似水年华》。通过这两个人物,现实生活中普鲁斯特母亲的美丽、贤淑、聪慧、慈爱,成为了永恒的艺术形象,永远留在了读者的心中。

普鲁斯特的创作让批评家罗兰·巴尔特对长篇小说产生了一种全新的理解:"对于普鲁斯特来说,写作的用处在于拯救,在于战胜死亡;不是他本人的死亡,而是我们所爱之人的死亡。通过写作证明他们的存在,使他们永恒不朽,矗立于遗忘之外。"②非常熟悉和喜爱普鲁斯特的罗兰·巴尔特,内心深处何尝不希望也像普鲁斯特一样,为自己所挚爱的母亲,创作出一部寄托哀思、为她"曾经的存在"作证的长篇小说?至此我们就完全明白了,巴尔特在法兰西学院的第三和第四门课程,为什么都是关于"长篇小说"的准备。毫不夸张地说,为亡母创作一部长篇小说,成了罗兰·巴尔特生命的

---

① 普鲁斯特在《追忆似水年华》最后一卷《重现的时光》中写下过这样一句话:"真正的天堂是我们失去了的天堂。"Marcel Proust, *Le temps retrouvé*, Editions Gallimard, 1990, p. 177.

② Roland Barthes, *PDR*, p. 34.

最后28个月里,支撑他活下去的唯一动力、唯一目的。

于是我们发现,从《长篇小说的准备(一)》开始,巴尔特内心的关注点已经暂时改变了,不再是此前他非常重视的权力和语言的关系问题,不再是个人自由与社会群体的关系问题,不再是认识论的思维范式问题,不再是意识形态问题。概言之,知识、思想史、意识形态,这一切都不再是他所关心的对象,虽然他在《长篇小说的准备(二)》中最终将回到这些理论问题上来。眼下,他开始将全部的身心,都投入关于内心深处那部长篇小说的思考、研究与尝试之中,并着手以各种形式,为创作这样一部长篇小说进行实际的构思和准备。

这个计划大致可以分为三个方面。第一,按照课程的预定步骤,从有关俳句(即景记录)的研究,转为探讨如何将简短的、片段的即景记录(当下素材)发展为连贯的长篇话语。为此巴尔特专门对普鲁斯特创作的一个关键时期进行了研究。第二,与研究普鲁斯特同步,巴尔特开始尝试他心目中的"新的写作实践",其初步成果便是以讨论摄影为"借口"写出的《明室》一书。与此同时,他开始实际构思一部题为《新生》(Vita Nova)的长篇小说。第三,从理论的层面,重新思考长篇小说的性质和价值,由此他提出了"长篇小说性"的基本概念,并在此基础上,对何谓"文学符号学"作出了明确阐释。

1978年10月19日,巴尔特在法兰西学院举行了一次演讲,题为《很长一段时间里,我都是早早就睡下了》,这个题目取自《追忆似水年华》开篇的第一句话,而巴尔特演讲的内容,就是专门探讨普鲁斯特是如何赋予了《追忆似水年华》一种"深情的或者恋爱般的力量",在这部小说中"讲述自己所爱的人",让"感人的事物能够被陈述"出来。① 1979年1月,巴尔特又在《文学新闻》上发表《启动了》(Ça prend)一文②,进一步研究普鲁斯特的创作为什么在1909年8月曾经有过一个月的"沉默期",而从9月份开始,他便全力投入了《追忆似水年华》的创作之中,并且从此一发而不可收,直至1923年最终完成这部长达七卷、三百多万字的巨著。

几乎在研究普鲁斯特长篇小说创作的同时,巴尔特于1979年4月15日—6月3日间,还写下了表面上看是探讨摄影的《明室》一书,然而这本书的第二部分或者说主要部分,实际就是一种追悼母亲的写作尝试。看过这本书的茨维坦·托多洛夫(Tzvetan Todorov)告诉巴尔特:"在读到您书中关于母亲的第二部分时,我深受感动。"巴尔特回答说:"您很清楚,我就是为了那一部分才写那本书的,其余的文字都只是一个借口。"③稍后不久(1979年8月21日起),巴尔特又开始了长篇小说《新生》的创作构思④,这个过程一直持续了

---

① Roland Barthes, «Longtemps, je me suis couché de bonne heure», in *Œuvres complètes*, tome V, p. 469.

② Ça prend一语在字面上可以有多种翻译,而在巴尔特的这篇文章中,该语所要表达的,乃是普鲁斯特的创作在经历了长时间的形式困扰(最初普鲁斯特打算用美学对话和散文的形式写作那部"唯一的书",这一构想的成果便是《驳圣伯夫》,但最终他决定采用第一人称的长篇小说形式,由此写成了《追忆似水年华》),以及1909年8月的"沉默期"之后,是如何于这一年的9月突然间"启动了"的。

③ Hervé Algalarrondo, *Les derniers jours de Roland B.*, Editions Stock, 2006, p. 250.

④ 《新生》标题使用的是意大利文 Vita Nova,与1295年但丁的诗集《新生》(*Vita Nuova*)同名。

整个夏天,直至1979年的12月①,与他撰写第四门课程的讲稿《长篇小说的准备(二)》(1979年夏天至1979年11月)几乎是同步进行的,而这第四门课程的核心内容,更是完全用于探讨长篇小说如何能够成为"爱的作品"(Œuvre d'Amour)。②

前面我们说过,母亲之死(也即"人生的中途")彻底改变了罗兰·巴尔特对学术问题的关注,那些曾让他长期萦绕于心,并促使他写作出许多名著的语言学、符号学、后结构主义、伦理学、意识形态问题,在他眼中瞬间变得非常次要,甚至毫无意义,因为它们根本不可能缓解或者抚慰他灵魂深处的创痛,头脑和心灵毕竟是两回事。不过,巴尔特并没有因此而彻底放弃对文学的思考,恰恰相反,由于母亲的离世让他失去了继续生活下去的目的和意义,这位著名的文学批评家和随笔作家,这位终其一生都对文学怀有深沉热爱和信仰的思想家,极其自然地将自己获得拯救的全部希望,都寄托在了文学之上。③于是,在他生命最后两年半的时间里,巴尔特全身心地投入他心目中的(而非一般意义上的)"长篇小说"的全新思考上来。之所以说是全新的思考,是因为母亲

---

① Nathalie Léger, «Préface», in Roland Barthes, *PDR*, pp. 17—18.
② Roland Barthes, *PDR*, pp. 224—225.
③ 巴尔特在《长篇小说的准备(二)》临近结尾处写下了这样的文字:"对文学的这种欲望恰恰因为我感到它正在日趋衰弱、正在被废除而有可能更加强烈;在此情况下,我对它的爱铭心刻骨,甚至令人震动,就像我们去爱、去拥抱某种即将死亡的东西一样。"参见:Roland Barthes, *PDR*, p. 353.

之死将一切都改变了,包括他此前的文学观、小说观、美学观。① 在透彻领悟了生与死的罗兰·巴尔特心中,究竟什么才是长篇小说?究竟什么才是文学的最高价值?究竟什么才是"文学符号学",这一法兰西学院专门为他设立的教授职位所代表的学科?

通观巴尔特在母亲去世后写下的所有文字,无论是研究普鲁斯特创作的两篇文章,以讨论摄影为"借口"的《明室》,还是他构思中的小说《新生》,尤其是他在法兰西学院的最后两门课程的讲稿(《长篇小说的准备(一)》《长篇小说的准备(二)》),以及他生前留在打字机卜的最后一篇未完成的文章(《谈论所爱我们总是失败》),其实都是在用不同方式,尝试完成自己人生最后的、最重要的愿望:"爱 + 写作 = 承认我们所识所爱之人的正当权利,也就是(在宗教意义上)为他们作证,也就是让他们得以永生"。②

前面我们提到,就长篇小说创作的素材而言,巴尔特不喜欢普遍意义上的过去,他在括号中给出的一个主要理由是"可能因为这种过去令人心碎",因此他"抗拒去讲述那些一去不复返的人与事"。他明确指出自己更重视当下:"我的当下才是我所希望的小说素材。"③基于这个原因,在"长篇小说的准备(一)"中巴尔特首先分析了俳句的基本特征,因为俳

---

① 例如 1975 年他在访谈录《罗兰·巴尔特的 20 个关键词》等文章中所提出的"长篇小说性"概念。参见:Roland Barthes, «Vingt mots-clés pour Roland Barthes», in *Œuvres complètes*, tome IV, p. 866.
② Roland Barthes, *PDR*, p. 40.
③ Ibid., p. 45.

句作为即景记录,是从当下提取素材的最佳形式。在充分讨论了俳句特征和功能之后,按照课程的内在逻辑,巴尔特开始转入讨论"如何从简短形式过渡到长篇小说"。

巴尔特首先重申了他对俳句的喜爱:"俳句对于我来说是一种喜悦——大概至少 20 年以来,我每隔一段时间就会读一些俳句:固执的欲望,可靠的喜悦 → 阅读俳句时,我便身处写作的至高无上的善(Souverain Bien)之中。"① 随后他开始将话题过渡到长篇小说:"然而我们将会看到,俳句的这种至高无上的善是暂时性的:光有它还不够(因此这还不是真正至高无上的善),所以,作为本课程开设的理由,就有了对长篇小说的呼唤。"②

为什么光有俳句还不够,还要有对长篇小说的呼唤?就巴尔特本人的情感需求或动机而言,我们已经在前面作了详细解释,这里不再重复。那么,如何从简短的片段写作转为长篇写作,从不连贯转为连贯流畅?巴尔特承认这对于他来说不是一个简单的问题,而是一个"心理结构的"(psycho-structurel)问题。从片段转为非片段,意味着需要"改变我和写作之间的关系,改变我和陈述行为之间的关系,而且也就是改变我和作为主体的我自身的关系"。③

俳句作为即景记录,解决了巴尔特所希望的从"当下"提取素材的问题,然而在尝试过渡到长篇小说时,将会在以下三个方面遇到自身的限度,或者更准确地说,将会失去自身

---

① Roland Barthes, *PDR*, p. 61.
② Ibid., p. 61.
③ Ibid., p. 46.

的特性:第一,俳句是极为简短的即景记录,而长篇小说需要对简短的素材进行大幅度的拓展和深化。第二,俳句以及巴尔特此前偏爱的片段写作不具备连贯性,而长篇小说则不可能由许多彼此独立的片段连缀而成,它需要具有内在的连贯性,成为一种连贯的叙事。第三,俳句只作最简洁的即景记录,此外不加入任何的分析和评论,而长篇小说中则不可避免地需要有分析和评论。

4. 普鲁斯特(二)

对于如何解决上述问题,巴尔特在课程讲稿中未作详细回答,原因是他为此专门撰写了一篇文章。这篇文章就是他在讲授"长篇小说的准备(一)"这门课程(1978 年 12 月 2 日—1979 年 3 月 10 日)的同时,于 1979 年 1 月发表在《文学杂志》上的《启动了》一文。在这篇文章中,巴尔特专门研究了普鲁斯特在正式启动《追忆似水年华》的创作之前那一段谜一般的"沉默期":1909 年的那个 9 月。

巴尔特注意到,以 1909 年为分水岭,普鲁斯特的创作生涯呈现为两个截然不同的阶段。在此之前,他一直过着上流社会的生活,时常"写点这、写点那",他一直在寻找、在尝试,但是很显然,他朦胧而又强烈感觉到自己应该全身心投入创作的那部伟大作品,迟迟未能启动。1905 年,普鲁斯特深爱的母亲去世,和巴尔特一样,普鲁斯特因为失去母亲而感受到巨大的悲痛和强烈的震动。①

所幸这次丧母之痛没有让普鲁斯特从此一蹶不振,在经过了一段时间的离群索居后,写作的愿望在他身上又恢复了,尽管他似乎无法走出某种难产(写不出东西来)的烦躁不安。然而随着时间的推移,这种烦躁不安加剧了,逐渐变成一种难以定夺的犹豫:他弄不清自己到底将要(或者想要)写一部美学论著还是一部长篇小说。他尝试着写论著,批驳圣伯夫的观念,然而采用的却是小说笔法,因为他将讨论文学审美的片段与各种场景、对话、人物交织在一起了。1909年8月中旬,普鲁斯特写信给《法兰西水星》(*Mercure de France*)主编阿尔弗雷德·瓦莱特(Alfred Valette),说自己完成了一部"真正的小说",标题暂定为《驳圣伯夫。一个清晨的回忆》,他希望瓦莱特能够在《法兰西水星》上发表。②然而此后不久,在卡堡度假的普鲁斯特收到了瓦莱特拒绝用稿的回信。③

就是从这个时候起,普鲁斯特陷入了长达一个月的沉默期,巴尔特将其称作文学史上一个少有的"创作之谜",因为一个月之后,即1909年的10月,普鲁斯特已经开始毫不犹豫地投入《追忆似水年华》的创作之中。1909年的那个9月因此成为一道明显的分水岭:此前的普鲁斯特过着上流社会的

---

① 母亲去世后,普鲁斯特因为无法从巨大的悲伤中恢复过来,从小患有的哮喘病严重复发,不得不去比昂古尔(Biancourt)的一家诊所接受了六个月的治疗。这一事实表明,母亲的去世的确让普鲁斯特进入了一个转变的阶段。

② Jean-Yves Tadié, *Marcel Proust II*, *Biographie*, Gallimard, 1996, pp. 83–84.

③ Ibid., p. 92.

生活,在创作上犹豫不决;此后他却毅然决然地开始了退隐生活,开始了一发不可收拾的文学创作。

让巴尔特好奇和感兴趣的是:"1909 年的那个 9 月,在普鲁斯特的生活中或者头脑中究竟发生了什么事情"①,导致了上述谜一般的转变?巴尔特对发生在普鲁斯特身上的这个"创作之谜"的探究,让他在自己所面对的问题上豁然开朗:如何从片段式写作(为小说准备素材的即兴记录)过渡到连贯流畅的长篇小说的写作?普鲁斯特经历创作之谜给予了他几个关键性启示。

首先是对事实的观察与陈述:在全身心投入《追忆似水年华》的创作之前,普鲁斯特的"所有写作都是片段的、简短的,那是一些短篇的故事、文章、零星的片段。我们会觉得配料都已齐备(就像我们在提到烹饪时一样),但是将它们变为一道菜的工序还没有完成:要写的作品'还不完全是这样'。随后,突然之间(1909 年 9 月),写作'启动了'"②。

巴尔特注意到,在《追忆似水年华》启动之际,普鲁斯特的写作方式改变了:变得紧凑、复杂起来,充满了喷涌而出的修改内容。总之,在那个 9 月份,普鲁斯特身上发生了某种"炼金术般的变化",将起初的论著变成了长篇小说,将简短的、不连贯的形式变成了长篇的、连贯的、铺陈的形式。③

究竟发生了什么事情,究竟是什么原因,使得《追忆似水年华》的写作在 1909 年夏天的那一个月间突然"启动了",而

---

① Roland Barthes, «Ça prend», in *Œuvres complètes*, tome V, p. 654.
② Ibid., pp. 654—655.
③ Ibid., p. 655.

且一发不可收拾(直至普鲁斯特于 1922 年去世)？熟悉普鲁斯特生平的人当然都可以大致上说,是母亲的离世给普鲁斯特带来的强烈震动造成了这个重大转变,"奠定了"《追忆似水年华》的基础。然而问题是,普鲁斯特的母亲早在 1905 年就已去世,而《追忆似水年华》创作的"启动"是在母亲去世 4 年后才发生的。

因此,尽管从基本动机的层面上说巴尔特同意上述解释,但是从具体的技术层面上说(对于文学创作而言,"技术"层面的重要性丝毫不亚于动机和内容层面)巴尔特更愿意相信,之所以会发生上述谜一般的突然转变,是因为在接到《费加罗报》退稿后的那个 1909 年的 9 月里,遇到重大挫折的普鲁斯特经过深思熟虑,终于"找到了一种方法(un moyen),也许坦率地说就是技术性的,那种方法能让他的作品'立得起来',能够让他的写作变得简单"。①

而这种方法本身并不简单,因为它至少包含了四种具体技巧:第一,某种将第一人称的叙述效果发挥到极致的方法;第二,创造出在诗学意义上具有某种"真实性"的专有名词;第三,一种根据写作意图随时改变(尤其是扩充)小说篇幅的手法(普鲁斯特著名的 poperolles);第四,一种类似于巴尔扎克小说中"人物再现法"的长篇小说结构方法。

这四种技巧里,只有第四种是读者较为熟悉的传统小说手法,巴尔特将其称作"一种长篇小说的结构方法",他认为普鲁斯特从巴尔扎克的《人间喜剧》中获得了启发(按:即人

---

① Roland Barthes, «Ça prend», in *Œuvres complètes*, tome V, p. 655.

物再现法)。例如奥黛特这个人物,起初人称"粉衣女士",是混迹于维尔迪兰夫人沙龙的交际花,而后成为斯万夫人,再后来又成为德·福什维尔夫人。这一手法尤其被普鲁斯特运用到了小说的最后一卷《重获的时光》:前六卷里出现的主要人物,在这一卷里如古老的化石般重新粉墨登场,令人感叹岁月的无情。

第一种技巧(第一人称叙事)几乎与西方整个现代小说史有关,因而我们完全不可能在此作哪怕是最简要的概括,所幸的是热拉尔·热奈特(Gérard Genette)在《叙事话语》中专门为《追忆似水年华》的叙述者和叙述人称撰写了一章,有兴趣者不妨参考。①关于第一人称我们唯一可以补充的是,从开篇到结尾,一个强大的内省和分析意识贯穿了《追忆似水年华》全书。这个内省分析意识,就是我们不见其人、只闻其声的第一人称叙述者。在不断回忆往事的过程中,他不仅叙述,而且按让-伊夫·塔迪耶(Jean-Yves Tadié)的说法,"以其评论充实了昔日的经历,在一个回顾性的时间中对各种事件、激情、风俗进行分析"。②

像许多独具个性的文学作品一样,《追忆似水年华》一开篇的语气就为全书定下了某种独特的基调:这是一种经常取代了历时的线性叙事的话语,极其徐缓、从容,叙述经常完全停顿下来,让位于内省、思考、分析,任由它们向四面八方蔓延(普鲁斯特式的著名长句子往往就在这时出现)。经常是

---

① 参见 Gérard Genette, «Discours du récit», in *Figures III*, Editions du Seuil, 1972.

② Jean-Yves Tadié, *Proust, le dossier*, Editions Belfond, 1983, pp. 68—69.

在几页甚至几十页之后,思绪才又回到叙述上,停滞的时间之针才又重新跳动。①

巴尔特在《追忆似水年华》中发现的第二种写作技巧,特指在诗学意义上创造出具有某种"真实性"的专有名词,例如:盖尔芒特(Guermantes)、巴尔贝克(Balbec)、贡布莱(Combray)、董西埃尔(Doncière)。巴尔特于1967年为此专门撰写过一篇文章《普鲁斯特与名词》,其中的两个主要观点是:1. 从诗学的角度说,整部《追忆似水年华》都出自几个名词;2. 普鲁斯特在《追忆似水年华》中所创造的许多地名,诸如洛默(Laumes)、阿尔让古尔(Argencourt)、贡布莱(Combray),"无论这些地方是否存在,它们在法语中都是可以接受的(而这才是重点所在)。它们的真正所指是法国,或者更恰当地说,是法国特征"②。

至于巴尔特在《追忆似水年华》中发现的第三种技巧,更是非普鲁斯特莫属。这种技巧的特点在于,根据作者的写作意图随时改变(尤其是扩充)小说的篇幅。普鲁斯特本人专门发明了一个词 poperolles 来戏称他对手稿漫无止境的修改与扩展。事实上,他从1909年开始创作直至1922年去世,都在巴黎奥斯曼大街102号那间用软木墙隔音的卧室里,无休无止地涂抹、修改、扩充那令印刷厂工人头疼的一摞摞稿纸。

至此我们要总结的是,巴尔特对普鲁斯特小说创作的上述四个重要技巧的发现,帮助他完美地解决了在课程"长篇

---

① 参见黄晞耘:《普鲁斯特式写作或浮出海面的冰山》,《国外文学》,2007年第4期。

② Roland Barthes, *Proust et les noms*, in *Œvres complètes*, tome IV, pp. 71—74.

小说的准备（一）"结束时所面对的问题：如何从俳句式的即景记录和片段写作（从当下提取长篇小说素材的最佳形式），过渡到长篇小说充分扩展的、连贯的写作。

5. 爱与克制

找到将片段写作转化为长篇小说的方法，解决了将生活素材纳入一部作品的整体的问题，解决了"从生活到作品"的问题，这也是《长篇小说的准备（一）》副标题的含义所在。然而接下来，巴尔特还必须对另一个同样重要的问题加以阐释：他所说的"作品"究竟是什么？他究竟希望写出一部什么样的作品来？到目前为止，他一直在替换使用三种临时性的说法来指称自己心目中的那部"作品"："长篇小说""新的写作实践""第三种写作形式"。很显然，这一关键名称上的犹豫、不确定，反映出巴尔特对这个问题一直处在思考和探索的过程中。

这个问题的直接缘由，是他多次提到过的 1978 年 4 月 15 日在卡萨布兰卡的那次"顿悟"，以及由此做出的决定："皈依文学"，投入一种"新的写作实践"，投入某种他尚无法明确表述的"长篇小说"的创作。前面我们已经提到，这次"皈依文学"的决定与巴尔特的丧母之痛密切相关，他希望创作出一部作品，为自己所爱的人的存在作证，使其得以"永生"。然而，这部希望中的作品、这种"新的写作实践"究竟应该以何种面貌呈现，牵涉到巴尔特长期以来在评论话语和文学话语之间的纠结。卡萨布兰卡的那次"顿悟"为他提供了一个契机，促使他在结束"中性"课程后，开始认真思考解决方案，这就是他选择将"长篇小说的准备"作为两门新课程探讨内容的背景和动机。

　　从出版《写作的零度》(1953)开始，巴尔特主要的话语类型一直属于文学批评，而非文学创作，然而从事文学创作又一直是他心中的一个愿望。在《就职演讲》初稿的一段话中，巴尔特谈到了司汤达所说过的幸福，即终于能够将一份职业与一种激情合二为一。在这段后来被删去的段落里，巴尔特说："一份职业和一种激情的结合，按照司汤达的说法，那就是幸福的真正定义。一份职业，是指从事教学，一种激情，是寻求自己能够移位(se déplacer)。"①

　　卡尔洛·奥索拉注意到，在批评家与作家这双重愿望之间，巴尔特的内心始终在犹豫和纠结。他在《就职演讲》初稿中提到的"移位"，就是指在这双重愿望之间能够自由转换：一方面是文学批评，以及与此相关的教学，另一方面是文学创作。母亲去世带来的内心震撼、在卡萨布兰卡的"顿悟"、"皈依文学"的决定，大大加强了巴尔特投身于"一种新的创作实践"的动机和决心。

　　然而虽然决心已下，巴尔特仍需面对一个重要的问题：一方面，他希望在自己所憧憬的"长篇小说"中充分表达对所爱之人的情感；另一方面，他又不希望这种情感的表达是直接的、主观的、抒情式的，而应该是间接的、客观的、内敛的，因为他的目的不在于抒发感情，而在于"为所爱之人作证"，

---

① Carlo Ossola, «Leçon de la "Leçon"», in *Roland Barthes au Collège de France*(1977—1980), IMEC, 2002, p. 21.

从而"让他们得以永生"。重要的不是"我们的"情感有多么强烈，重要的是我们所爱之人的存在本身。因此小说作者应该"具有某种对自恋的超越"，将叙事的中心用于讲述所爱之人的存在。

如何解决以上两种不同的诉求？如何将爱的充分表达，与间接、客观、内敛的叙事统一起来？在这个问题上，普鲁斯特的创作经验再一次为巴尔特提供了启示。为此巴尔特在撰写讲稿《长篇小说的准备（一）》的同时，单独写了一篇研究普鲁斯特创作的文章，标题就取自《追忆似水年华》的开篇第一句话："很长一段时间里，我都是早早就睡下了。"文章完成后不久（1978年10月19日），巴尔特就以它作为演讲稿，在法兰西学院举行了一次公开演讲。

由于面对的大多是慕名而来但对他而言却是完全陌生的听众，巴尔特不便公开说出这次演讲的内容与自己母亲之死、与自己希望通过一种新的写作实践来纪念母亲有关，因此他在演讲中采用了较为隐晦的表达方式：

> 但丁……是这样开始其作品的："在我们人生的中途……""人生的中途"……是某个语义点，那个或许是姗姗来迟的时刻，我的生活中突然出现了对一种新的意义的呼唤，对变化的欲望：改变生活，告别过去重新开始，让自己服从于某种指引，就像但丁在一位伟大的引导者维吉尔的指引下深入"幽暗的树林"一样（对于我来

说,引导者乃是普鲁斯特,至少在本次讲座之时)。①

巴尔特在这里明确把普鲁斯特视为自己的引导者,而且进一步指出,对于普鲁斯特来说,"人生的中途"肯定是他母亲的离世(1905):

> 对于我而言,是一次残酷的丧事(巴尔特对这次"残酷的丧事"未作更多说明——笔者注)。虽然出现的时间较晚,但这次丧事对我来说将是人生的中途,因为"人生的中途"也许从来不是任何其他的东西,而是我们发现死亡不再仅仅是可怕的,而且是真实的那个时刻。②

在这次讲座上,巴尔特承认自己希望写作一部长篇小说,希望在这部作品里"讲述我所爱的人":"因为讲述我们所爱之人,就是证明他们没有'白白地'生活过(常常是痛苦过)。"③巴尔特向听众举了几个例子加以说明:通过"至高无上的写作"(l'écriture souveraine),普鲁斯特得以讲述自己母亲的疾病;托尔斯泰得以讲述年迈的保尔康斯基亲王(《战争与和平》的主人公)的死亡,以及他女儿玛丽亚所遭受的痛苦,而他们的原型都是托尔斯泰自己的家人:他的外祖父与母亲。通过讲述小说中的人物,普鲁斯特和托尔斯泰都让自己所爱之人的存在没有沦入历史的虚无之中,"这些生命、这

---

① Roland Barthes, « Longtemps, je me suis couché de bonne heure », in *Œuvres complètes*, tome V, p. 465.
② Ibid., p. 467.
③ Ibid., p. 469.

些痛苦得到了接纳,获得了属于它们的正义"。①

在同一时期写成的课程讲稿《长篇小说的准备》里,我们发现了许多几乎类似的表述,这充分证明,巴尔特关于普鲁斯特的演讲和关于长篇小说的课程具有相同的目的和思考性质。换言之,要想充分理解课程所讲述的内容,就必须将其与巴尔特的这次讲座进行对照阅读。例如课程中的这段话:"对于普鲁斯特来说,写作的用处在于拯救,在于战胜死亡;不是他本人的死亡,而是我们所爱之人的死亡。通过写作证明他们的存在,使他们永恒不朽,矗立于遗忘之外。"②

我们还可以举出课程中的另一段话(在此我们尽量保留了讲稿本身的表述格式):

> 在某种意义上,长篇小说被(我)幻想成"爱的行为"……这里所说的不是情爱,而是博爱……情爱 = 谈论恋爱中的自我 = 抒情性;而博爱则是:谈论我们所爱的他人(长篇小说的性质)。……爱 + 写作 = 承认我们所识所爱之人的正当权利,也就是(在宗教意义上)为他们作证,也就是让他们得以永生。……在《追忆似水年华》中,普鲁斯特的母亲及外祖母乃是爱的唯一对象;对于托尔斯泰而言,(爱的对象)则是他的母亲(玛丽亚)和外祖父。③

至此而言,我们很可能会将巴尔特的表述理解为他希望

---

① Roland Barthes, «Longtemps, je me suis couché de bonne heure», in *Œuvres complètes*, tome V, p. 469.
② Roland Barthes, *PDR*, p. 34.
③ Ibid., p. 40.

将自己心目中的"长篇小说"写成一部缅怀亡母和抒发爱意的作品,一部表达自己强烈情感的作品。然而,这并不是巴尔特的准确目的所在。

事实上,正如我们前面已经提到的,他意识到自己面临着两种不同性质的诉求,而他必须同时照顾到这两种诉求,设法使它们协调统一起来:一方面,他希望在自己所憧憬的"长篇小说"中充分表达对所爱之人的情感;另一方面,他的目的又不在于抒发感情,而在于"为所爱之人作证",从而"让他们得以永生"。如何协调统一以上两种不同的诉求?在这个问题上,普鲁斯特的创作经验再一次为巴尔特提供了启示。

在巴尔特的眼中,20世纪优秀长篇小说的典范毫无疑问就是《追忆似水年华》,为此他在《很长一段时间里》一文中,专门研究了普鲁斯特将丧母之痛转化为文学表达的方式,从中他得出了以下几点结论:第一,优秀的小说家懂得抑制悲伤,具体方法是不对悲伤作任何的解释和评论,避免将自己代入作品,从而达到忘记自我的目的。①

对巴尔特文中提到的一个重要情节,萨比娜·伊伦作了准确的分析:在《追忆似水年华》中,当叙述者的外祖母去世时,他没有对自己内心巨大的悲伤作任何的评论和解释,而只是以纯客观的方式,讲述了外祖母去世的各种细节:在女

---

① Roland Barthes, «Lontemps, je me suis couché de bonne heure», in *Œuvres complètes*, tome V, pp. 467-468. Sabine Hillen, «Suspendre l'événement, aimer la marge. La solitude selon Barthes», in *Roland Barthes en Cours*, Editions Universitaires de Dijon, 2009, p. 121.

仆弗朗索瓦丝为她梳理头发时,外祖母的头随之左右晃动;在灵车穿过路面不平的香榭丽舍大街时,外祖母的遗体碰到了马车的内壁;而亲人们巨大的悲伤,则被具体落实为他们的哭喊声,一种客观的写实记录。

至哀无声,这样的叙述非常符合巴尔特的理念。在他看来,《追忆似水年华》中外祖母去世的情节是一段"绝对纯净的叙事",也就是说,"其中的悲伤是纯净的,因为没有被评论"。①

此外,萨比娜·伊伦还深入阐释了巴尔特在研究《追忆似水年华》时得到的另外一个启示:一部优秀的长篇小说,并不是一个大脑决定的结果。这种文体拒绝对读者施加影响和压力,在此意义上它不同于科学的、政治的或理论的话语。创作一部长篇小说意味着发挥作者的想象力,普鲁斯特之所以能够激发起读者的情感,是因为他超越了大脑在创作过程中的智性介入。换言之,在《追忆似水年华》中,悲伤并不仅仅是作为一种研究对象存在。叙述者表现出两种不同的倾向,一方面是将悲伤化为创作的动力,另一方面则与悲伤保持距离,以免陷入哀苦而不能自拔。②

总之在巴尔特看来,一部优秀的长篇小说中,作者回忆悲伤的目的是为了通过一种升华的形式,将悲伤消解掉。普鲁斯特在小说中所讲述的悲伤,其作用就在于与他本人的经

---

① Roland Barthes, «Lontgemps, je me suis couché de bonne heure», in *Œuvres complètes*, tome V, pp. 467—468.
② Sabine Hillen, «Suspendre l'événement, aimer la marge. La solitude selon Barthes», in *Roland Barthes en Cours*, Editions Universitaires de Dijon, 2009, p. 123.

历拉开距离,消除其中过于丰富的情感内涵。因此巴尔特对自己心目中的长篇小说的第一个期待就是:"我希望长篇小说能够具有某种对自恋的超越。"①

6. 新的写作实践

除了理论上的思考与构想,巴尔特在母亲去世后事实上已经开始了"新的写作实践",其中最重要的就是《明室》一书。这本书写于1979年4月15日—6月3日,也就是"长篇小说的准备(一)"的授课结束(1979年3月10日)之后不久。

巴尔特开始整理母亲的照片,起初他并不抱什么希望,认为"在那些图像里去探寻是白费劲",他不可能从中回想起母亲最真实的特征。然而一张很旧的、泛白的母亲儿时的照片吸引了他的注意力。也许是出于直觉,也许他太了解自己的母亲,他感到母亲在这张儿时照片上的神态最能呈现出她的真实,于是他开始仔细端详、描述那张照片上所呈现的历史细节,同时分析照片带给他的感受:

> 那是一张很旧的照片……上面依稀只能看见两个挨在一起的小孩子,在一座玻璃屋顶的温室中,站在一座小木桥的尽头。我母亲那时5岁(1898),她哥哥7岁……我仔细观察那个小女孩,终于在她身上看到了我母亲的影子。那张明亮的脸庞,双手的那种天真姿势,她顺从

---

① Roland Barthes, «Lontgemps, je me suis couché de bonne heure», in *Œuvres complètes*, tome V, p. 469.

地站在那里,身处的位置既不显眼又不隐蔽;最后还有她的表情,就像区别善恶一样,把她和一个歇斯底里的、装成大人模样的撒娇小女孩区别开来,这一切构成了一种至高无上的纯洁形象……这一切将照片上的姿势转变成了一种难以坚持,而她却坚持了终生的悖论:对柔情的确认。在这张小女孩的照片上,我看到了当时就已经并且永远塑造了她性格的那种善良。①

从照片上的那个小女孩,巴尔特联想到了临终前的母亲:

> 在生命的最后时刻……我母亲已经身体虚弱,非常虚弱。……在她患病期间我照顾着她,为她递上她所喜欢的茶碗,因为她用碗喝茶比用杯子要更方便些。她已经变成了一个小女孩,对我来说,她重新变成了旧照片上的那个具有真实意义的孩子。②

80年前照片上的那个小女孩,在生命临终之际又变成了儿子眼中的需要照顾的小女孩,她身上始终未变的同一种真实,将80年的漫长岁月瞬间贯穿了。

我们说过,母亲去世后巴尔特事实上已经开始了"新的写作实践",其中最重要的就是《明室》一书。那么,这本书在哪些方面体现了巴尔特在课程《长篇(一)》中对于"新的写作实践"的期待?首先是立足当下的素材选取。我们还记得巴

---

① Roland Barthes, «La chambre claire», in Œuvres complètes, tome V, pp. 844—845.
② Ibid., pp. 847—848.

尔特曾说过:"我的当下才是我所希望的小说素材。"①由此我们可以大致推测:巴尔特在其希望写出的作品中,将会侧重于讲述当下的生活状况和内心状态,而过去的人和事,只有当其被当下情景触发、与当下的生活产生呼应关系时,才会进入作品,成为叙述和分析的对象。事实上,这正是巴尔特在去世前写出的重要著作《明室》中采用的方法。

这个当下既包括母亲去世后不久巴尔特面对照片的那个傍晚,也包括他提笔撰写《明室》的时刻。巴尔特没有全面回顾追忆母亲的生平,而是选择了从当下看到的一张照片说起。他所侧重的,也是讲述自己在端详这张照片时所注意到的母亲儿时的容貌,从中"寻找着我挚爱的那张脸庞的真正含义"。除此之外,还有他本人在端详这张照片时的感受和思考:

> 观看照片时,我们进入一种平淡的死亡。……可怕之处在于:关于我最爱的人、关于她的照片,我却没有任何话可以说,我凝视着照片,却永远无法深入其中,使其有所改变。我唯一能产生的"思想"就是,在这第一次死亡的尽头,我自己的死亡也已经注定,这两次死亡之间,除了等待再没有任何别的事情可做。②
>
> ……
>
> 这张照片正在变黄、发白、模糊,有一天将被扔进垃圾桶(如果不是被我,至少是在我死去时),伴随它一道

---

① Roland Barthes, *PDR*, p. 45.
② Roland Barthes, «La chambre claire», in *Œuvres complètes*, tome V, p. 864.

消失的会是什么呢？不仅仅是"生命"……而且有时还有，怎么说呢？爱。面对我看到的唯——张父母的合影（我知道他们彼此相爱），我想：那珍宝一般的爱将从此消失，因为当我不在以后，任何人都无法证明其存在过，剩下的只有无动于衷的自然世界。①

作为一次"新的写作实践"，《明室》还有一个值得注意的重要特点，对此我们前面已经从巴尔特新的创作理念上分析过：他希望"新的写作实践"既能充分表达对所爱之人的情感，又不要变成一种自我情感的强烈抒发，因为他的目的不在于抒情，而在于"为所爱之人作证"，从而"让他们得以永生"。我们同时还记得他在研究普鲁斯特的创作时得出的一个结论：优秀的小说家懂得抑制悲伤。对此萨比娜·伊伦曾阐述过一个非常中肯的观点：对强烈情感的有意识的抑制和节制，比起直接渲染悲伤，反而能够更好地表现悲伤，并触动读者。②

我们在《明室》中读到的文字，含蓄而克制，几乎是一种非常平静的语调，然而在这种平静内敛之下，我们又完全能感受到一种隐藏着的强烈情感。例如这样一句看似非常普通而平静的陈述："我经常梦见她（我梦见的只有她）。"③"失去了母亲我能够继续生活（我们大家迟早都会是这样），然而

---

① Roland Barthes, «La chambre claire», in *Œuvres complètes*, tome V, p. 865.
② Sabine Hillen, «Suspendre l'événement, aimer la marge. La solitude selon Barthes», in *Roland Barthes en Cours*, Editions Universitaires de Dijon, 2009, p. 122.
③ Roland Barthes, «La chambre claire», in *Œuvres complètes*, tome V, p. 843.

我的余生毫无疑问而且直至终结都将难以定性（失去了品质）。"①

再如这段陈述：

> 这张照片正在变黄、发白、模糊，有一天将被扔进垃圾桶（如果不是被我，至少是在我死去时），伴随它一道消失会是什么呢？不仅仅是"生命"（……），而且有时还有，怎么说呢？爱。面对我看到的唯一一张父母的合影（我知道他们彼此相爱），我想：那珍宝一般的爱将从此消失，因为当我不在以后，任何人都无法证明其存在过，剩下的只有无动于衷的自然世界。②

前面我们提到过，巴尔特非常欣赏《追忆似水年华》中对外祖母去世一段情节的处理，在他看来，那是一段"绝对纯净的叙事"，也就是说，"其中的悲伤是纯净的，因为没有被评论"。看了前面列举的《明室》的段落，看了巴尔特那种克制的、几乎是平静的陈述，我们完全有理由说，他本人失去母亲的巨大悲伤，在这本书里也达到了一种纯净的状态，没有撕心裂肺，没有悲痛欲绝，因为至哀无声，这正是他本人希望其"新的写作实践"能够呈现出的面貌。

除《明室》外，巴尔特还对他心目中的"新的写作实践"作过另一种尝试，那就是从 1979 年 8 月 21 日开始构思的一部长篇小说《新生》。这一构思一直持续到这一年的 12 月③，几

---

① Roland Barthes, «La chambre claire», in *Œuvres complètes*, tome V, p. 850.
② Ibid., p. 865.
③ Roland Barthes, «Vita Nova», in *Œuvres complètes*, tome V, p. 1008.

乎与最后一门课程的讲稿《长篇小说的准备（二）》的撰写完全同步。我们知道，伴随着但丁的《新生》的创作，但丁开启了一种新的写作形式，诗行与散文在其中相互交织，既有诗，也有叙事，还有评论。对于但丁而言，唯有这种新的创作形式，才能有助于他表达出强烈的爱，以及对心上人去世的无尽悲伤。①

巴尔特的创作计划不仅借用了但丁《新生》的标题，而且他在"长篇小说的准备（一）"课程中讲授的内容也表明，从此以后他将投入对一部长篇小说的构思准备中，因为在他看来，唯有长篇小说这种形式（尤其是《追忆似水年华》这样的长篇小说），才能表达出他所说的"情感的真相（vérité de l'affect）"。在课程中巴尔特说："悲痛与真实就在情感之中……爱与死亡就在那里，这就是我们所能说的全部。"②

在关于普鲁斯特的讲座里，巴尔特解释了他想创作一部《新生》的愿望，完全与他痛失所爱之人（母亲）密切相关。然而《新生》的构思手稿只有文字稀疏的 8 页，保存在一个纸板文件夹里。这份构思尚只是一个极为简略的创作提纲，很少有完整的句子，基本上是作为提示的单词、词组。

---

① Nathalie Léger, «La Préparation du roman», in *Roland Barthes au Collège de France*(1977—1980), IMEC, 2002, p. 80.
② Ibid., p. 81.

第六章

小说性

1. 从生活到作品

什么是巴尔特心目中的长篇小说？对此他曾经提出过许多定义，例如："中介化的操作"（opération de médiatisation）、"中性的各种形式"（formes du neutre）、"真与假的异质学"（hétérologie de vrai et de faux）、"不带傲慢的话语"（discours sans arrogance）等。[1]

---

[1] Nathalie Léger, «La Préparation du roman», in *Roland Barthes au Collège de France*, IMEC, 2002, p. 85.

其中最值得我们重视的,是1979年6月巴尔特提交给法兰西学院的"课程概要"中提到的一个定义:"出于方便的考虑,这一古老的说法(指长篇小说 roman)被本门课程选择来用于暗示某一种作品的理念,这种作品一方面表达了它与文学的关联,另一方面表达了它与生活的关联。"①

娜塔莉·莱热认为,这个关于长篇小说的定义之所以值得重视,是因为它并非巴尔特随意提到,而是被他很正式地写进了提交给法兰西学院年报的"课程概要"里。事实上,在"长篇小说的准备(一)"的第一堂课上,巴尔特就明确认为:"文学是用生活创造出来的,这个观念简单,但说到底是难以妥协的。"②正因为如此,巴尔特将他的第三门课程的副标题定为"从生活到作品"。可以说,在分为13讲的这门课程上,巴尔特思考的中心问题是那些为了创作长篇小说,可以从现实中被抓取的事物。

为了更好地进入巴尔特在第四门课程"长篇小说的准备(二)"中所要讨论的内容,我们有必要简要回顾一下第三和第四门课程之间的内在逻辑。这两门课程讨论的主题都是长篇小说,但是按照巴尔特授课的思路,两门课程的侧重点有所不同。

第三门课程的副标题是"从生活到作品",巴尔特明确表示,由于他不喜欢普遍意义上的过去,他强调,"我的当下才

---

① Roland Barthes, « Résumé du cours de La Préparation du roman », in *Œuvres complètes*, tome V, p. 733.
② Ibid.

是我所希望的小说素材",因此他用了很长的篇幅讨论日本俳句,因为在他看来,俳句是从当下生活提取素材(即景记录)的典范形式。

随后,巴尔特从有关俳句的研究,转为探讨如何将简短的、片段的即景记录(当下素材)发展为连贯的长篇话语,为此他专门撰写文章,对普鲁斯特的创作经验进行了研究。与此同时,他开始对自己心目中的"新的写作实践"进行尝试,初步成果便是以讨论摄影为"借口"写出的《明室》一书。

到了第四门课程的讲稿《长篇小说的准备(二)》,巴尔特正式进入了对长篇小说的讨论,从理论层面重新思考长篇小说的性质和价值,由此他提出了有别于长篇小说的"长篇小说性"的概念,并尝试对他心目中的长篇小说"勾勒出某种轮廓"。[1]

在同时期撰写的演讲稿《很长一段时间里,我都是早早就睡下了》里,巴尔特明确告诉了我们何谓他眼中的长篇小说:"出于方便起见,对于一切有别于我过去的实践、过去的话语的新形式我都作这样的称呼。"[2]

巴尔特对长篇小说的思考由来已久。追溯起来,如果说早期名著《写作的零度》(1953)主要是以加缪的小说风格作为研究对象的话,那么巴尔特对小说(长篇小说)的再次思考,大致开始于1975年。这一年在接受《文学新闻》杂志记者让-路易·埃兹纳(Jean-Louis Ezine)的采访时,他首次提出了"长篇小说性"的概念。他在谈话中告诉埃兹纳,长篇小

---

[1] Roland Barthes, *PDR*, p. 378.
[2] Roland Barthes, «Longtemps, je me suis couché de bonne heure», in *Œuvres complètes*, tome V, p. 469.

说是他下一步要思考的问题,因为他"非常想在这个问题上进行探索",而在他看来,这个问题的关键在于"逐渐找到将长篇小说性与长篇小说区分开来的那种形式"。①

我们注意到,在这个时期巴尔特的心目中,长篇小说和长篇小说性已经是两个不同的概念,而他更看重的是后者,并且希望能找到将其与长篇小说区分开来的某种形式。为了行文方便,以下除有特殊需要外,我们一般将"长篇小说性"简称为"小说性"。

此后不久,在接受《文学杂志》记者让-雅克·伯劳希耶的采访中,巴尔特对"长篇小说性"作了更为深入的阐述。伯劳希耶提问,说罗兰·巴尔特曾经说一切传记都是小说性的,都是一种不敢说出自己名称的长篇小说。《罗兰·巴尔特自述》作为一种传记不也是一部长篇小说吗?巴尔特回答:

> 那是一部长篇小说,而不是一部传记。……它之所以具有小说性是因为两个原因:首先,其中有很多片段都对生活中那种小说性的现象表现出兴趣;另一方面,这些片断中所表现的是一种想象界,也就是长篇小说的话语本身。我将自己表现为一个小说人物,但从某种意义上讲,这个人物并没有专属自己的名字,而且在他身上也没有发生具有小说性的那种奇遇。②

关于《罗兰·巴尔特自述》是长篇小说而不是传记,巴尔

---

① Roland Barthes,《Le jeu du kaléidoscope》, in Œuvres complètes, tome IV, p. 849.
② Roland Barthes,《Vingt mots-clés pour Roland Barthes》, in Œuvres complètes, tome IV, p. 866.

特给出了两个解释：第一，它对生活中那种小说性的现象表现出兴趣；第二，它所表现的是一种想象界。就第一个解释巴尔特并没有说明，究竟什么是"生活中那种小说性的现象"。我们通常会说生活经常有"戏剧性"，但很少听说生活有"小说性"。第二个解释倒是比较清楚，巴尔特大概想说，他的《罗兰·巴尔特自述》具有想象虚构性质，因此应该当作长篇小说来看待。

2. 非叙事性的即景记录

更能说明问题的是巴尔特对长篇小说性的一段正面阐述。伯劳希耶向他提过这样一个问题："我注意到您曾说过这样的话：'我不把自己看作一个批评家，而看作是一个小说家，这与长篇小说无关，而与小说性（le romanesque）有关。我喜爱小说性，但我知道长篇小说已经死亡。'"① 巴尔特回答说：

> 长篇小说性是一种不按故事情节来结构的话语模式：它是一种即景记录、将自身投入其中的方式，一种对日常现实、人物以及生活中发生的一切事情表达兴趣的方式。对于我来说，将这种小说性转变为长篇小说是非常困难的，因为我无法想象自己去设计一种叙事性的东西，其中包含有故事情节，在我看来也就是主要由未完

---

① Roland Barthes, «Vingt mots-clés pour Roland Barthes», in *Œuvres complètes*, tome IV, p. 866.

成过去时、简单过去时、多少带有心理学色彩的人物所构成的那种东西,那是我无法做到的,也正因为这个原因,写作长篇小说对我而言是不可能的事情。然而与此同时,我却有一种在写作中推进小说性试验、小说性陈述的强烈欲望。①

这是一段比较重要的论述,代表了 1975 年(法兰西学院之前),巴尔特对小说性的理解:1. 它是一种话语模式,但不按故事情节来结构,因此有别于传统意义上的长篇小说。2. 它是一种即景记录,一种对日常现实、人物以及生活中发生的一切事情表达兴趣的方式。我们清楚地记得,在后来的课程讲稿《长篇小说的准备(一)》中,即景记录基本上是俳句的同义语,其功能在于从生活中为长篇小说提取素材,因此肯定有别于长篇小说本身。但是我们将看到,在《长篇小说的准备(一)》中,巴尔特已经修正了这个不够准确的表述,不再用即景记录来定义小说性。3. 最有意思的是巴尔特接下来的一句断言:"写作长篇小说对我而言是不可能的事情。然而与此同时,我却有一种在写作中推进小说性试验、小说性陈述的强烈欲望。"这句断言再次确认了他所说的小说性有别于长篇小说本身:他有强烈欲望尝试前者,但写作长篇小说对他而言却是不可能的事情。据此我们可以回顾他前面的一个说法应该是比较即兴、不够准确的:他告诉伯劳希耶,《罗兰·巴尔特自述》是一部长篇小说,而不是一部传记。

---

① Roland Barthes, «Vingt mots-clés pour Roland Barthes», in Œuvres complètes, tome IV, p. 866.

他实际想表达的应该是:《罗兰·巴尔特自述》不是传记,因为它具有小说性的成分。

3. 理论话语－文学话语

以上关于小说性的表述到法兰西学院时期被巴尔特作了部分修改,并且加入了新的内容。

长期以来,巴尔特都感觉自己在两种类型的语言之间犹豫和摇摆不定,一种是文学表达性的语言,即叙事话语,一种是评论性的语言。无独有偶,他发现普鲁斯特在正式启动《追忆似水年华》的创作之前,也曾经历过相似的困惑和纠结,究竟是撰写一部美学论著(《驳圣伯夫》便是这部著作的雏形),还是创作一部长篇小说,普鲁斯特曾长时间犹豫不定。1908年,普鲁斯特在写给好友安娜·德·诺阿耶(Anna de Noailles)的一封信中这样说道:"在我的头脑中,这件事情以两种不同的方式呈现,我必须在它们之间做出选择。"①

除了青年时期的多种试笔之外,普鲁斯特在母亲去世后投入精力最多的写作分别是美学论著《驳圣伯夫》和长篇小说《让·桑特伊》。然而《让·桑特伊》最终仅仅停留在素材和草稿阶段,《驳圣伯夫》则先后被《法兰西水星》和《费加罗报》拒绝。普鲁斯特的写作一时陷入了困境,这就是巴尔特所说的1909年9月那个谜一般的沉默期。

如前所述,这段沉默期让普鲁斯特找到了一些以第一人

---

① Nathalie Léger, «La Préparation du roman», in *Roland Barthes au Collège de France*(1977—1980), IMEC, 2002, pp. 83—84.

称为核心的崭新的写作方法,可以将《驳圣伯夫》和《让·桑特伊》中的大量片段、素材整合为一部连贯的作品。在此基础上他还做出了一个写作体裁上的重要决定:将此前分开撰写的美学论著与长篇叙事有机地融为一体,形成一种能够兼容小说叙事和美学思考的崭新形式。

无独有偶,巴尔特在做出投入"一种新的写作实践"的决定后,也面临着与普鲁斯特相似的问题:如何在一部类似于传统长篇小说的作品里,既能够以当下为立足点讲述所爱之人的存在,又能够对长篇小说本身、对"小说性",以及文学符号学进行深入讨论。

普鲁斯特的经验帮助巴尔特走出了长期困扰他的两难选择:他意识到其实并无必要在批评话语和文学话语之间做出选择,他完全可以构想"第三种写作形式"①,即一种既包括理论思考,也包括文学表达的话语类型,从而不仅打破它们之间的区隔和对立,而且消除它们各自带有的片面性,因为文学语言虽能够全面把握其描述的对象,但却并不寻求对其进行理论上的定义;而理论语言对其描述的对象能够做到很好的定义,但却无法像文学作品那样很好地把握住它。②这就是巴尔特在此前思考的基础上,对"小说性"内涵的一个重要扩充。

基于非常个人的原因,巴尔特为他构想中的长篇小说加入了另外一个新的"小说性"内涵:长篇小说应该是一种"爱

---

① Nathalie Léger,«La Préparation du roman», in *Roland Barthes au Collège de France*(1977—1980),IMEC,2002,pp. 83—84.
② Ibid. pp. 84—85.

的行为"(acte d'amour)。这无疑是巴尔特赋予他所憧憬的长篇小说的一个独一无二的特征。

然而,正如我们前面已经分析过的,巴尔特所说的"爱的行为"并不等于作者(通过叙述者或人物)的感情倾诉,相反要求作者尽量忘记自我,专注于讲述所爱之人的存在,因此巴尔特希望长篇小说能够完成的主要任务是:"让我能够讲述我所爱的人……,而不是告诉他们我对他们的爱(那将是一种抒情性的写作计划)。"①

这就是为什么巴尔特虽然非常喜爱俳句,但是两门"长篇小说的课程"课程的真正中心仍然是长篇小说的原因:他的最终目的是要为所爱之人作证,是要创造出"他者",讲述其存在,这是俳句所做不到的,因此需要由"懂得如何进行这种创造"的长篇小说来承担这一任务。

4. 小说性与四门课程

关于长篇小说性,最有意思的是弄清它与巴尔特四门课程之间的内在联系。巴尔特把第一门课程"如何共同生活"的讲课方式定义为"几种日常空间的小说性模拟",他要做的,正是在课堂上以口头表达的方式模拟试验某种"小说性"。这里指的当然不是传统意义上的小说,因为巴尔特的课程并不是在讲述一个故事。

那么,不讲述故事的小说性究竟是什么? 课程的小说性

---

① Roland Barthes, *PDR*, p. 40.

究竟由什么构成?① 克洛德·科斯特针对巴尔特课程副标题中的"模拟"(simulations)一词进行了分析。事实上,该词已经给我们提供了部分启示:模拟其实与文学理论常说的模仿(mimèsis)具有相同性质。源自长篇小说的"小说性"将现实看作是一切艺术表现的参照物。巴尔特在谈及托马斯·曼的《魔山》时正是这样解释的。巴尔特本人曾因结核病在疗养院里住过,他的现实经历与小说《魔山》中汉斯·卡斯托普的虚构经历表明,正是相同的现实让生活与文学相互靠近。②

其次,"模拟"一词也包含有虚构草拟某个雏形(maquette)的意思,即小说家在开始写作前的构思过程,尤其是对小说故事将要发生的空间的想象与虚构。在其"课程介绍"一节,巴尔特非常强调小说正式创作之前这一空间模拟的重要性。他所评论的每一部小说,都对应着一个特定的空间环境,例如《修道院的故事》中的荒原、《普瓦捷被非法监禁的女人》中的卧室、《家常菜》中的住宅楼、《鲁滨逊漂流记》中的岛屿,此外当然还应该加上希腊阿托斯山的修道院和锡兰的寺庙。

在这门课程里,巴尔特提到的都是非常具体的人物、事件、空间,他像小说家一样,更多的是展现这一切,而不是进行分析论述。每一个"特征"或"形象例证"所隐含的思想,都孕育在具体语境中,在其变得过于抽象之前,巴尔特便会戛然而止,以避免他所草拟的每一个"雏形"成为某种象征寓意。对于巴尔特来说,每一种幻想性的构思仅仅是一个场景而已。"如何共同生活"这门课程的"小说性",产生于一个个

---

① Claude Coste,«Préface», in Roland Barthes,*CVE*, p. 26.
② Ibid., pp. 26—27.

具体的场景,这些场景无一不充塞着各类物品:花卉、残渣、餐桌、椅子、粗呢衣服等。这些场景向我们展示着人物的日常动作举止,而这些人物本身却很不寻常:隐修士、被非法监禁的女人、海难幸存者。

第三和第四门课程均题为"长篇小说的准备",其中的关键词"准备"被巴尔特赋予了多重含义,这里我们先来看几个技术层面的。例如,他希望通过这两门课程,探讨将现实转化为文学、让生活进入作品需要经历的过程。他认为这一过程包括三个主要环节,每一个环节都代表着一种障碍,一种需要经历的考验。第一个阶段是选择,除了选择创作素材和内容外,还需要选择写作的形式,以及写作所依据的观念形态(idéologie):"如果不能决定您自己的哲学观,那么您就无法对作品的形式做出选择(因此您就无法写作)。要想创作一部作品,就意味着要选取某种一元论的哲学(结构、等级、比例、科学、信仰、历史)。"①

巴尔特将写作准备的第二个阶段称为耐心,也就是小说家在正式投入创作之前,需要花费大量时间思考和处理的前期工作,诸如进行各种形式的试笔,尝试不同的开篇,并克服在此过程中将会遇到的种种障碍。最后,巴尔特将写作准备的第三个阶段称作分离阶段(séparation):为了开始潜心创作,小说家必须让自己置身于一个相对封闭、安静的环境中,从心理上将自己与周围的世界隔离开来,这对他来说无疑也是一种考验。

---

① Nathalie Léger, *La Préparation du roman*, in *Roland Barthes au Collège de France*(1977—1980), IMEC, 2002, p.88.

5. 作为愿望的作品

巴尔特曾经这样概括《追忆似水年华》：这部小说是对一种写作欲望的叙述：在《追忆似水年华》的最后，叙述者逐渐明确地意识到他要创作一部作品，一本"唯一的书"，从这个意义上说，叙述者不仅在讲述他的生活，而且在讲述他的写作欲望。①

同样，"长篇小说的准备"这两门课程可以被看作是一个想要创作一部长篇小说的人所讲述、表达的历史（经过）。在研究普鲁斯特的演讲稿《很长一段时间里，我都是早早就睡下了》里，巴尔特将自己称作"想要写作之人"②。类似的表述我们在《长篇小说的准备（一）》里也能看到："为期十周的本课程……将以一段故事、一段叙述为内容……这将是一个想要写作之人的内心故事。"③

巴尔特强调，他所谈论的长篇小说的准备，应该被视为一种模拟行为：我是否真的要写一部长篇小说？我用这句话回答并且也只回答这句话：我要做的将是仿佛要写一部长篇小说 → 我将把自己安放在这个"仿佛"之中：本课程其实也可以叫作"仿佛"（Comme si）。

事实上，这种模拟行为、这种虚拟化的修辞手段，巴尔特

---

① Roland Barthes, «Longtemps, je me suis couché de bonne heure», in *Œuvres complètes*, tome V, p. 464.
② Ibid., p. 468.
③ Roland Barthes, *PDR*, p. 234.

已经在此前的两部著作中运用过，一部是《罗兰·巴尔特自述》，一部是《恋爱话语片段》。对于前者，巴尔特曾说："所有这一切，应该被看作是出自一个长篇小说人物之口。"关于后一部著作，巴尔特也曾说："这是一位恋人在诉说、表达。"我们可以将"模拟"看作是一种"建模"（une modélisation，模型设计）。这是一种典型的科学实验方法，通过设计、建立一个模型，巴尔特得以更好地收缩研究范围，更好地理解研究对象的各种潜在功能。

此外，在《就职演讲》中，巴尔特预告了他的每一门课程都将以一个幻想作为出发点。与此相应，他第三、第四门课程的幻想，就是"想要写作一部长篇小说"。巴尔特笔下的这种幻想，其实是他所使用的一种操作工具，用于对文学进行定义。在《就职演讲》中他明确提到："我所理解的文学，不是一部或一系列的作品……而是由某种实践的诸多痕迹构成的复杂图表。这种实践就是写作的实践（la pratique d'écrire）。"①

1979年6月，巴尔特在提交给法兰西学院年报的"课程概要"里，是这样概括他的第三门课程（"长篇小说的准备（一）"）的："本门课程探讨的是，一个作家在何种条件下，能够开始准备撰写一部长篇小说。为了知道长篇小说能够成为什么样子，让我们以仿佛要撰写一部小说的方式来上这门课程。"②

---

① Roland Barthes, «Leçon inaugurale», in Œuvres complètes, tome V, p. 433.
② Roland Barthes, «Résumé du cours La Préparation du roman», in Œuvres complètes, tome V, p. 733.

关于第三和第四门课程为什么叫作长篇小说的"准备"，关于自己究竟是否要真正写作一部长篇小说，巴尔特曾在《很长一段时间里，我都是早早就睡下了》一文中作过意味深长的说明：

> 讲了那么多，是否意味着我将写作一部长篇小说？对此我一无所知。我不知道是否可能将我所希望的作品仍然叫作"长篇小说"。……这部乌托邦性质的长篇小说，对我来说重要的是要做得就像我应该去写它一样。……我提出的是一种假设，我想探索并发现从中产生的丰富可能性。比起仅仅把长篇小说看作是一种已经被别人完成的东西来，我假设了一种有待写作的长篇小说，以这样的方式我可以指望对长篇小说有更多的了解。①

塞米尔·巴迪尔从符号学的角度指出了巴尔特关于长篇小说的课程的意义，他认为巴尔特所憧憬的长篇小说，就是要按照符号学的方式，创造出某种假设的可能性，其表达方式是："就如同……一样"（comme si）。"因此，长篇小说的准备，就是一种再度的激活，是对某种语言理论之绪论的再度激活。"②

对道家之"道"的阐释，也帮助巴尔特概括了自己的真实意图："重要的是道路，是过程，不是最终找到的东西 → 对幻

---

① Roland Barthes, «Longtemps, je me suis couché de bonne heure», in Œuvres complètes, tome V, p. 470.
② Sémir Badir, «Barthes sémiologue», in Roland Barthes en Cours, Editions Universitaires de Dijon, 2009, p. 199.

想的寻找本身就是一种叙事……因此有可能这部长篇小说就停留在……它的准备阶段。"①

露西·奥米拉(Lucy O'Meara)将巴尔特这两门课程的上述特征与他在《中性》里希望避免意义固化、避免终极意义的意图联系起来,她认为《长篇小说的准备(二)》的结尾并不是要得出一个结论,而是让这门课程终止于一个悬置,一个最后的悬念(un suspense final),"而我自己并不知道其解决方案是什么"。话语的不连贯阻止了终极意义的形成和固化。②

而在尼古拉·博奈(Nicolas Bonnet)看来,关于"长篇小说的准备"的两门课程实际上体现了多重价值:它们是对"想要写作"(Vouloir Ecrire)的一次非同凡响的叙述;它们不仅陈述了对长篇小说诗学的思考,而且也让我们看到了一种真正具有长篇小说特性的写作实践。③

---

① Roland Barthes,*PDR*,p. 49.
② Ibid.,p. 185. Lucy O'Meara,«Atonalité:une interprétation des Cours au Collège de France»,in *Roland Barthes en Cours*,Editions Universitaires de Dijon,2009,p. 42.
③ Nicolas Bonnet,«La Préparation du roman»,in *Roland Barthes en Cours*,Editions Universitaires de Dijon,2009,p. 171.

第七章

文学符号学

1. 科学符号学

从 1956 年 9 月为《神话集》撰写长篇后记《今日神话》(Le mythe, aujourd'hui)① 到 1967 年年初出版《时装体系》(Système de la Mode)②,罗兰·巴尔

---

① 罗兰·巴尔特将这篇后记称作自己的"第一篇符号学文本"。参见:«Entretien (A conversation with Roland Barthes)», propos recueillis par Stephen Heath, in *Œuvres complètes*, tome III, p. 1004.
② 这里将 Système 一词译作"体系"而不是"系统",意在与巴尔特后来对体系化倾向的质疑相照应。

特的"符号学探险"正好经历了十年时间。在此期间,巴尔特全力投入社会符号学的研究工作中,发表了大量的研究成果,①由此确立了他继新批评家(《写作的零度》,1953)之后作为符号学家的重要地位。

在这一时期问世的著作中,1965 出版的《符号学要素》、1966 年刊登于《交流》杂志第 8 期的《叙事作品结构分析导论》和 1967 年出版《时装体系》构成了一个时代的标志。直到今天来看,它们所开拓的社会符号学和文本符号学研究领域、它们所发展和完善的符号学研究方法仍然具有划时代的意义。索绪尔在《普通语言学教程》中以寥寥数语构想的符号学("一门研究处于社会生活中心的符号生命的科学"),②在巴尔特那里第一次发展为一种真正的社会符号研究。他教会我们用一种崭新的、敏锐的、犀利的目光,透视和分析时装、照片、电影、广告、叙事、汽车、烹饪这些"表达观念的符号体系",这一独特的视角在很大程度上改变了我们认识世界

---

① 这个时期巴尔特发表的主要文章和著作有:《服装的历史与社会学》(1957),《语言与服装》(1959),《今年流行蓝色》(1960),《电影中的意指关系问题》(1960),《电影中的"创伤单位"》(1960),《为了一种当代食品的心理－社会学》(1961),《照片的信息》(1961),《神话与汽车》(1963),《广告的信息》(1963),《图像的修辞》(1964),《意义的厨房》(1964),《符号学与电影》(1964),《古代修辞学》(1964—1965 年在高等研究实验学院研讨班的讲稿,1970 年刊登在《交流》杂志第 16 期),《符号学要素》(1965),《物体的语义学》(1966),《叙事作品结构分析导论》(1966),《时装与人文科学》(1966),《时装体系》(1967)等。

② 索绪尔对巴尔特最重要的影响,无疑在于其符号学的构想。他在谈到语言结构在"人类活动事实"(faits humains)中的地位时,认为作为一种"表达观念的符号体系",语言结构类似于书写符号、聋哑文字母、象征性仪式、礼貌形式、军事信号等社会制度(institutions sociales),"因此我们可以设想一门研究处于社会生活中心的符号生命的科学"。参见:Ferdinand de Saussure, Cours de linguistique générale, Editions Payot, 1984, p. 33.

的方式,对社会文化现象的研究产生了广泛而深远的影响。

在研究方法上,有别于索绪尔的交流符号学(sémiologie de la communication)构想,巴尔特继叶尔姆斯列夫之后发展了意指行为符号学(sémiologie de la signification),①并将意指行为研究与社会文化心理分析紧密结合起来,从而不仅加深了我们对意义生成机制的认识,而且将这种认识从技术层面转化为对当代社会文化的剖析。如果继续这条道路,巴尔特完全可以在学术史上留下一个较为单一和明确的符号学家身份。

然而,就在标志其符号学研究达到一个新的高度的巨著《时装体系》问世的同时,巴尔特却在这部著作的序言(1967年2月撰写)中宣称,他的符号学探险"已经过时",这本书中所提出的东西"已经属于符号学的某种历史"。《时装体系》出版后,巴尔特于1967年3月至7月借回答《法兰西文学》等报刊记者采访之机,三次重申了《序言》的观点。② 1971年秋,在回顾1957至1967的十年"符号学探险"时,巴尔特告诉受《原样》杂志(Tel Quel)委托采访他的让·蒂博多(Jean Thibaudeau):"那时我热烈地相信将自己融入一种符号科学

---

① 在巴尔特的术语中,源自法语动词 signifier(意味、表示)的名词 signification 先是被定义为能指与所指之间的"联系"(association,参见:《今日神话》,《全集》第一卷,第 834 页),而后被修正定义为"联系能指与所指的行为"(l'acte qui unit le signifiant et le signifié,参见:《符号学要素》,《全集》第二卷,第 664 页)。按照这一定义,本书将 signification 译作"意指行为"。

② 参见:与雷蒙·贝卢(Raymond Bellour)的谈话,1967 年 3 月 2 日《法兰西文学》,《全集》第二卷,第 1296—1306 页。与弗里德里克·果桑(Frédéric Gaussen)的谈话,1967 年 4 月 19 日《世界报》,《全集》第二卷,第 1307—1310 页。与洛朗·高龙布(Laurent Colombourg)的谈话,1967 年 7 月 8 日《七日》杂志,《全集》第二卷,第 1317—1321 页。

的可能性:我经历了一次(欣快的)科学之梦。"①后来,他多次以同样的口吻将自己的符号学阶段称为"一种科学狂热"(une sorte de délire scientifique)②、一个"科学幻觉"(fantasme scientifique)的时期。③大致与此同时,巴尔特的思想重心转向了对复数、文本、文本关联性、能指和欲望、色情、中性、愉悦、迷醉以及非体系化的关注,1968至1971年之间,他发表了《作者的死亡》《S/Z》《符号帝国》《萨德、傅立叶、罗耀拉》等一系列与符号学时期截然不同的著述。

以上事实在罗兰·巴尔特思想历程中具有特别的意义:它们标志着一个著名符号学家向符号学的告别。鉴于这门学科在20世纪社会—人文学术中的重要地位,以及巴尔特对这门学科所作的基础性贡献,他的告别就更显得意味深长。如果我们不满足于对巴尔特由符号学向后符号学时代的转变仅作现象描述,那就必然要追问其中的具体原因,追问在罗兰·巴尔特的思想深处究竟是哪些因素导致了这一转变,以及这一转变意味着什么,它最终通向何处。

1967年3月在接受《法兰西文学》记者雷蒙·贝卢的采访时,巴尔特谈到了《时装体系》的研究方法及其遇到的问题。按照他最初的构思,《时装体系》要分析的是人们穿着的"实际服装的语言结构"。但是他很快意识到,作为文化现象

---

① Roland Barthes, «Réponses», entretien filmé avec Jean Thibaudeau pour la série des «Archives du XXᵉ siècle», in *Œuvres complètes*, tome III, p. 1032.
② Roland Barthes, «Voyage autour de Roland Barthes», Entretien avec Gilles Lapouge, in *Œuvres complètes*, tome III, p. 1050.
③ Roland Barthes, «Pour la libération d'une pensée pluraliste», in *Œuvres complètes*, tome IV, p. 482.

的任何时装都不可能脱离社会舆论而存在,因此必须将研究对象落实为"时装书籍所推荐的那些服装"。然而巴尔特发现这样确定下来的对象仍然会给分析造成困难,因为它同时涉及时装的制作技术、形象(图片)和谈论时装的文字,而他无法在一本书里同时研究几种交织在一起的体系。于是,巴尔特进一步将研究对象确定为"用文字描述的时装"(la Mode écrite),也即谈论时装的文字。按照这一思路,他在《时装体系》中分析了实际的服装在语言中是如何被描述和评论的,或者说,实际的服装是如何被"翻译"到语言中的。随着这一工作的进展,新的问题又产生了:巴尔特发现自己仍然必须同时面对两个对象,即实际的服装和谈论服装的语言,也就是说,他仍然未能将两者很好地区分开来。由此而来的结果是,他的研究既不是真正针对实际服装的,又不是真正针对语言的,因此既不属于非语言学的物体符号学,也不属于语言学,而是成了对一种符号体系到另一种符号体系的"翻译"的研究。[1]

巴尔特感到,两种符号体系的这种纠缠,显示出索绪尔的符号学定义所包含的一个问题。按照索绪尔的构想,符号学是研究各种符号体系的一般科学,"语言学只是这门一般科学中的一个部分",因为语言学的研究对象也是符号体系之一,尽管是这些体系中最重要的一种。[2]换言之,语言学研

---

[1] Roland Barthes, *Avant-propos*, «Système de la Mode», in *Œuvres complètes*, tome II, p. 898.
[2] Ferdinand de Saussure, *Cours de linguistique générale*, Editions Payot, 1984, p. 33.

究必定是符号学研究,而符号学研究并不一定是语言学研究。巴尔特在《时装体系》中遵循了索绪尔关于符号学的这一构想:尽管他所分析的材料完全由语言陈述构成(谈论时装的文字),但他并没有针对语言本身进行分析。但是随着研究的深入,他发现如果不对语言本身进行研究,就无法真正解释和揭示时装作为符号体系的意指作用,因为,"时装只是依靠人们谈论它的话语才得以存在,离开了后者我们可以将时装归结为一种非常初级的句法结构,比公路信号丰富不了多少"。巴尔特意识到,个体语言(parole)①乃是"一切能指范畴的必然的中继",时装要想发挥意指作用,就离不开个体语言对它的描述、评论、给予他大量的能指和所指以建立起一个真正的意义体系。在语言介入之前,根本就不存在所谓时装的概念,因此对时装的符号学研究注定要依赖对语言本身的研究,换言之,符号学的研究必定是语言学的研究。这样,索绪尔关于符号学的定义就应该被颠倒过来:语言学并不是符号学的一个部分,恰好相反,符号学才是语言学的一个部分。②正是对这一问题的反思,使得巴尔特将业已完成的、按照索绪尔的符号学构想撰写的《时装体系》看作是一件"已经过时"的工作,"已经属于符号学的某种历史"。与雷蒙·贝卢谈话不久,巴尔特在接受《世界报》记者弗里德里

---

① 按照索绪尔和巴尔特的明确定义,本书将 langage 译作"语言",将 langue 译作"语言结构",将 parole 译作"个体语言"。参见:1. F. de Saussure, *Cours de linguistique générale*, Editions Payot, 1984, pp. 25—33. 2. R. Barthes, «Eléments de sémiologie», in *Œuvres complètes*, tome II, pp. 639—642.

② Roland Barthes, «Avant-propos», «Système de la Mode», in *Œuvres complètes*, tome II, pp. 898—899.

克·果桑采访时再次表示,他相信"非语言学的符号研究是一种乌托邦",因为文化意义上的一切物体都"浸透了人类的语言"——我们不妨将上述谈话称作巴尔特由符号学向语言学的转向。

巴尔特曾提到,在撰写《时装体系》期间他注意到了语言学的一些新的研究成果。乔姆斯基、雅各布森和本维尼斯特的话语语言学理论使他意识到索绪尔语言学的一个缺陷:由于侧重对语言结构的共时性研究,《普通语言学教程》在强调语言的结构性、一般性的同时忽视了语言的历时性和个体性,忽视了对个体语言(parole)、对个体语言生成行为的研究。此外,对语言结构的共时性研究的封闭性也导致了互文性维度的缺失。塞米尔·巴迪尔注意到,尽管巴尔特在继续使用一些源自语言学,又被符号学扩散的技术语言术语,诸如范式、语义群、能指、所指等,然而他认为必须重视词语的记忆(la mémoire des mots),通过一种广泛存在的互文性文本,来保持这一记忆的存在,甚至通过词源学的探险,来激发这种回忆。[1]

需要指出的是,按照巴尔特生前好友夏尔·森日万(Charles Singevin)和格雷玛斯(A. J. Greimas)的回忆,巴尔特初次读到索绪尔是1949年秋至1950年在埃及亚历山大期间[2],这意味着巴尔特当时所读到的,是巴利(Charles Bally)和塞什诶(Albert Sechehaye)于1916年编辑出版的《普通语

---

[1] Sémir Badir, «Barthes sémiologue», in *Roland Barthes en Cours*, Editions Universitaires de Dijon, 2009, pp. 196—197.

[2] Louis-Jean Calvet, *Roland Barthes*, Editions Flammarion, 1990, p. 124.

言学教程》,即他们在"综合"索绪尔亲笔撰写的三次语言学课程讲稿以及学生笔记的基础上"再创作"(recréation)而成的文本。与索绪尔亲笔撰写的讲稿及学生的笔记全貌相比,《普通语言学教程》简化和遗漏了索绪尔的许多重要思想,尤其是他在第三次课程的最后部分关于个体语言学(linguistique de la parole)的构想(他将这一部分题名为"人类个体的言语活动机能与锻炼":la faculté et l'exercice du langage chez les individus),这也是他计划在第四次课程中将要重点论述的内容。因此,《普通语言学教程》展现给读者的主要是一个侧重语言结构研究的索绪尔,而不是后期准备阐述个体语言学的索绪尔。

与《普通语言学教程》不同,巴尔特在1963至1967年间接触到的语言学研究(例如乔姆斯基的转换生成理论)较少注重对语言的(客观)分类和符号研究,而是侧重于对(主观的)个体语言生成规律的研究。这种对个体语言的关注使巴尔特开始思考一个问题:迄今为止符号学研究以及其他人文、社会科学所借助的"科学语言"究竟在多大程度上具有合法性?这种源自实证科学的语言通常被视为一种"超语言"(métalangage),或者,一种"高级的代码"(code supérieur)。[1]在巴尔特明确阐述的这个意义上,本书将 métalangage 译作"超语言"而不是"元语言"——因为其前缀 méta-所表示的是"在……之上""超越"的意思,与"形而上学"(métaphysique)是同一道理——这种语言的所指对象(référents)本是实证科

---

[1] Roland Barthes, «De la Science à la littérature», in Œuvres complètes, tome V, pp. 1268—1270.

学意义上的实验,后者的客观性在很大程度上保证了语言本身的客观性质:它拥有超然于对象之上描述、分析对象的客观性而不带有主观色彩,因而具有了普遍性质和真理性质。

然而,与实证科学相比,人文社会科学主要并不是建立在严格的实验基础之上的,它的所指对象并不具有科学实验的那种客观性,因此人文社会科学的语言也就不可能从所指对象那里获得一种客观性和真实性的保证。具体到符号学研究中,实际发生的一切语言行为(例如巴尔特本人在《时装体系》中所使用的"科学语言")只能是一种更具陈述者本人主观性质的个体语言,更少带有实证科学的那种客观性。此外,自然科学和人文社会科学在语言的使用上也有根本性的差异。对于实证科学而言,语言只是一种工具,它要表达的内容信息才是第一位的。因此,从16世纪开始,经验主义、理性主义或科学精神的发展都伴随着语言自主性的退化,语言被归到了工具或"美文体"的范畴。

巴尔特指出,在研究工作的准备阶段(用语言表达之前的阶段),客观性和严谨性是必要的。问题在于,语言的使用者并不能保证将这种品质转移到话语中,最多只能依靠换喻的方式,将谨慎与其话语效果混为一谈。因为,一切陈述必定都有一个主体的存在。在实证科学的话语中,通过使用第三人称和无人称,减少带有感情色彩的形容词、评价等,这个主体及其主观性被尽量排除了,但即便如此,实证科学的语言也不可能做到纯粹的客观,因为,我们所能尽量排除的,只是陈述者心理的、情感的、个人经历方面的因素,而话语的个体性质(出自一个特定的、个别的陈述者的性质,这种性质体现在陈述者对所有话语因素的选择和安排上）却是无法排除的，在话语的层面上（这是一切信息交流不可避免的层面），纯粹的客观性只能是一种想象之物，对于主要并不依赖科学试验的人文社会科学的语言而言，情况更是如此。基于上述思考，巴尔特在《从科学到文学》一文中认为："晚近才建立起来的所谓'人文科学'是步资产阶级实证主义的后尘，它们的出现乃是当代社会为了维持其与语言过度分离的神学真理神话而寻找的技术借口。"

安托瓦纳·贡巴尼翁非常赞同巴尔特对"唯科学论"符号学的警惕和摒弃，在《理论的幽灵——文学与常识》（1998）一书中，贡巴尼翁作过如下一段评论：

> 针对应用结构主义（structuralisme appliqué）的枯燥乏味，针对冷冰冰的唯科学论的符号学，针对叙事学的繁琐分类学让人感到的厌倦无聊，巴尔特很早就提出了一系列与之对立的构想，诸如"结构主义活动的乐趣"（le plaisir de l'activité structuraliste），以及"符号学探险的快乐"（le bonheur de l'aventure sémiologique）。

随即贡巴尼翁明确表达了对巴尔特的赞同和欣赏："面对已经变得烦琐学究的理论，我和巴尔特一样，更喜欢理论的探险。"[①]

在巴尔特看来，人文科学的弊端不仅表现在实证主义和唯科学论的倾向上，而且也表现在体系化（systématique）的

---

① Antoine Compagnon, *Le Démon de la théorie, littérature et sens commun*, Editions du Seuil, 1998, p.309.

思维方式上——这是大学体制中所谓学术研究的一个典型特征。具体而言,人文科学中的体系化倾向尤其与一种从各级学校教育开始就被不断强化的"论说文"写作方式密切相关。这是一种"连贯系统的、按一定方式编码的、像桌布一样铺展开来的"写作类型,强调形式上的一致性、完整性。到了人文科学的体制中,就发展为一种模式化的"理论话语"。对于巴尔特而言,"理论一词通常意味着一种连贯的话语,一种连贯的陈述,可以说属于古典哲学的模式。它是一种论说文类型的表述,包含着这种文体导致的所有思维和语汇局限"[1],而人文科学中的体系就是由这样的论说文体构成的。

在一次访谈中巴尔特曾经谈及他为什么不喜欢体系:"什么叫体系?体系就是按照一些装配规则、统一性规则、组合规则、转换规则,将不同的表达方式、不同的要素联系到一起。"在这一"装配"过程中,装配者所关注的主要是如何能够自圆其说,形式上的统一性和完整性比具体表达了什么内容具有更为重要的意义,因此巴尔特不无调侃地从中看出了某种形式主义和唯美主义的特征:"当一种体系装配得很好时,它令我着迷的当然恰好是这种形式的性质:我对体系化的东西的兴趣,对体系的形式的兴趣,常常超过了对其内容的兴趣"[2]。说到底,体系化的思维方式其实就是为了自圆其说而体系、为了体系而体系。可是,体系的装配者本人却不这么看,他会以为自己所创造的体系由于其统一性和完整性而具有了真理的性质。由此而来的一个结果是,体系的创造者和

---

[1] Roland Barthes,«Sur la théorie», in *Œuvres complètes*, tome III, p. 689.
[2] Roland Barthes,«Sur l'astrologie», in *Œuvres complètes*, tome IV, p. 1009.

继承者将体系的完成看作是真理性言说的完成,一切已经尽在其中(人文科学中最登峰造极的莫过于黑格尔的哲学体系),他们开始不断地重复这一体系或者这一"真理",思想由此而封闭、陈旧、僵化,最终沦于对教条的喋喋不休。针对这一弊端巴尔特表达了自己的警惕与担忧:"很多时候体系让我不舒服,是因为它太'自以为是'了,就是说它被灌注了一种过于强大、过于隐匿的集体性思想。在这种时候,这个体系所发现的东西就变成了陈词滥调。"①

  巴尔特意识到,在自己的符号学阶段,即"科学之梦"或"科学小狂热"阶段,也存在着体系化的终结性、封闭性弊端,这在《时装体系》中表现得尤为明显。在体系化的过程中,思想的自由、开放、鲜活与内在矛盾很容易变质,让位于对"装配"需要和形式上的统一性的服从。尽管他本人及时觉察到了这一点,但是有更多的体系制造者仍然沉浸、陶醉其中,相信自己的话语体系与某种"客观的"人文科学真理存在着本质的、天然的联系,进而相信这种话语表达的意识形态具有客观真理性质。这种信仰(当然只是信仰)使他们忘记了一个基本事实:在人文科学领域,并不存在所谓客观的真实,真实总是主体所理解的并且只存在于语言之中的真实。体系化的根本问题,就在于首先假设了(虚构了)一个与语言无关的、纯然客观的真实的存在,然后相信一种纯洁的、在形式上"装配得很好"的语言为我们客观地"反映"了这一真实——这种信仰,就是巴尔特所说的"神话",即"资产阶级的意识形

---

① Roland Barthes,《Sur l'astrologie》, in *Œuvres complètes*, tome Ⅳ, pp.1010—1011.

态"。当巴尔特觉察到包括他本人都曾沉浸其中的体系化的问题所在之后,他向符号学以及更广意义上的人文科学的告别就成为了一种必然。

1977年,在法兰西学院《就职演讲》中巴尔特回顾了他早期从事的符号学研究:

> 当时(1954年前后)我认为,一门关于符号的科学能够激活社会批评……总体而言就是要理解(或者描述)一个社会是如何制造出陈词滥调……然后将其作为天然固有的意义加以消费。……符号学(至少是我所理解的符号学)的诞生便是因为难以容忍这种欺诈和心安理得兼而有之、体现了普遍道德观念的混合体。……被权力所操控的语言结构:这就是早期符号学的研究对象。①

对于此后十年(1957—1967)的符号学探索,巴尔特在接受《泰晤士符号》杂志记者斯蒂芬·赫斯采访时也作了总结,将这个阶段称作"客观性符号学"或"科学符号学"时期,代表著述包括《符号学要素》和《时装体系》。

在结束了侧重于社会批评的"早期的"符号学、告别了随后十年的"科学符号学"之后,法兰西学院时期巴尔特关于符号学的思考重心,已经转移到语言和权力的关系上来:

> 此后符号学有所变化……但始终以政治事物作为研究对象——因为不存在别的对象。……作为一种话

---

① Roland Barthes, «Leçon inaugurale», in *Œuvres complètes*, tome V, pp. 440-441.

语范畴，权力就像水一样四处流淌，无所不在，每个政治上的敌对集团都会以自己的方式轮流变成压迫性的集团，以自己的名义发出权力话语……大多数的解放诉求，无论是社会的、文化的、艺术的、性欲的，都成了权力话语的陈述。①

2. 语言结构与权力

这里有必要回顾一下我们在第一章中对巴尔特独特授课方式的分析。在他看来，任何语言陈述，例如他本人在法兰西学院课堂上的授课行为，都隐含着说话者试图对听话者施加影响、控制的愿望，隐含着说话者运用权力的愿望。权力"隐藏在人们所说的一切话语之中，即便是从一个权力之外的地方说出的话语"。因此他对授课行为的第一个思考，就是"话语在何种情况下、以何种方式能够摆脱一切控制他人的愿望"，他特别强调："在我看来，这种思考构成了今天开始的本讲席课程的深层计划。"②

前面我们曾提到，在《就职演讲》中，巴尔特特意仿照"Tout-Puissant"（全能的）一词，使用了一个首字母也大写的复合词"Tout-Pouvoir"，意指"无所不在的权力"，因为权力寄生于语言，而语言就是无所不在的。巴尔特第一门课程"如何共同生活"与第二门课程"中性"之间的关联：实际上，它们

---

① Roland Barthes，«Leçon inaugurale»，in Œuvres complètes，tome V，pp. 440—441.

② Roland Barthes，Œuvres complètes，tome V，p. 430.

是在以不同的方式、从不同的角度,思考和讨论如何将人际关系中、语言中无所不在的权力中性化,如何让语言表达不带有傲慢。

授课者试图对听课者施加影响、控制的隐含愿望,语言结构对说话者本人的制约和强迫,因为涉及权力,涉及个体间的平等与个体自由,因此都是巴尔特所警惕并力图避免的对象。卡尔洛·奥索拉指出,正是出于对权力和语言结构之间这种内在必然关联的反拨,巴尔特才会在法兰西学院的第二门课程"中性"里,专门讨论中性的问题,并提出了一系列与之相关的形象例证,旨在减弱寄生于语言之中的权力和傲慢。①

在巴尔特看来,人的伦理维度不可能存在于语言之外,人际关系从来都只能是对话、交流的另一种说法。在"如何共同生活"课程授课期间插入的一次题为"何谓支配一次话语"(Qu'est-ce que tenir un discours)的研讨课上,巴尔特对《追忆似水年华》中一个重要人物夏尔吕斯男爵的一段长篇话语专门进行了分析。这段长篇话语的聆听者是小说的叙述者马塞尔。巴尔特通过分析证明了说话者从来都离不开针对他人(旨在影响他人)的修辞,话语并非作为个人自我的表达而存在,而是作为针对他人的行动而存在。夏尔吕斯依仗他作为讲话者的主导地位,运用各种咄咄逼人的修辞手段,一心想要对马塞尔施加影响,使其受到震动,因此在巴尔

---

① Carlo Ossola, «Leçon de la "Leçon"», in *Roland Barthes au Collège de France*(1977—1980), IMEC, 2002, p.24.

特看来,这段长篇话语具有一种修辞意义上的暴力。①

一切话语都具有策略性,这种话语的权力(pouvoir de la parole)会加强语言结构的法西斯主义(le fascisme de la langue),因此,语言交流存在着将说话的愉悦转变成一种威胁他人的欲望。②一段话语、一次演讲如果被认为是有效果、有说服力的,恰恰是因为它们目的性非常明确地把倾听者当作目标,运用各种修辞手段,去征服和改变倾听者。在此意义上,修辞学是巴尔特所推崇的个人节奏的反面,因为说话者利用修辞手段,强迫倾听者接受自己的节奏。

3. 移位与离题的话

由于语言与权力之间存在着本质的、无法分离的关系,因此通过语言消解权力,在语言内部消解权力,就成为必然的途径。用巴尔特的话说,唯一拯救的办法就"只能是和语言结构耍花招(tricher avec la langue),只能是戏弄语言结构(tricher la langue)"③。

那么,什么叫作"和语言结构耍花招"?什么叫作"戏弄语言结构"?这种巴尔特经过深思熟虑得出的消解权力的结论,或者说为消解权力找到的出路,究竟指的是什么?他毫

---

① Sabine Hillen, «Suspendre l'événement, aimer la marge. La solitude selon Barthes», in *Roland Barthes en Cours*, Editions Universitaires de Dijon, 2009, p. 125.

② Claude Coste, «Comment vivre ensemble», in *Roland Barthes au Collège de France*(1977—1980), IMEC, 2002, p. 39.

③ Roland Barthes, «Leçon inaugurale», in *Œuvres complètes*, tome V, p. 433.

不犹豫地告诉我们：文学。这个貌似突兀的回答尽管令人惊讶，但是很快我们就从巴尔特那里得到了解释。

他所理解的文学并非通常意义上的作品集或者作品系列，而是"对某种实践活动——即写作实践——之痕迹的复杂记录"。而他在写作实践中所关注的主要是文本（texte），亦即构成作品的能指的织体，因为文本就是语言结构的显露，因为只有在语言结构的内部该结构才能被打败、被引入歧途：不是通过它作为工具所传达的信息，而是通过在它之中上演的文字游戏。

正是在这个意义上，对于巴尔特而言，写作、文本和文学三者实质上是一回事。在他看来，文学所蕴含的自由的力量（les forces de la liberté），既不取决于作家在日常生活中的作为，也不取决于他在政治上的介入，因为在这两种情况下，所谓作家归根到底还是和别人一样的"某某先生"。甚至，文学所蕴含的自由的力量也不取决于作家通过其作品所表达的学说内容，而是取决于他"针对语言结构所进行的移位工作（le travail de déplacement）"。

顺着这个思路，我们发现自己现在面对着一个在巴尔特后期思想中非常重要，但是对于大多数人来说比较陌生的关键词：移位。这个概念之所以重要，是因为如果我们了解了巴尔特赋予它的特定内涵，就能在很大程度上了解法兰西学院时期的巴尔特关于文学和文学符号学的思想。而且我们还会看到，对于"移位"这个关键概念，米歇尔·福柯不仅与巴尔特有着完全相同的看法，而且为其提供了有力的佐证。

那么，巴尔特所说的移位（déplacement）及其动词形式

(se déplacer)究竟指的是什么？首先举一个与语言和文学无关的、涉及巴尔特自身的例子。前面我们曾经提到过，在《就职演讲》初稿的一段话里（后来这段吐露内心的话被删去），巴尔特谈到了司汤达说过的幸福，即终于能够将一份职业与一种激情合二为一："一份职业和一种激情的结合，按照司汤达的说法，那就是幸福的真正定义。一份职业，是指从事教学，一种激情，是寻求自己能够移位（se déplacer）。"①写下这段话的巴尔特刚刚担任法兰西学院教授，他内心希望的"移位"，是在教授和作家双重身份之间能够自由转换，这是他多年以来的愿望。

在语言实践领域，"移位"则是指从已经固化的意义移开，去不断尝试能指和所指之间的新的联系。因为固化的意义尽管是非天然的、人为的、武断的，但其一旦固化，便不可避免地会朝着教条、朝着自以为是的"普遍性真理"发展，成为各种占主导地位的、傲慢的、给个体带来权力压迫感的大众舆论、各种意识形态。

在《就职演讲》中，巴尔特将这种意指行为的"移位"也称作"跑题的话"（la digression）。事实上，他在"如何共同生活"和"中性"这两门课程中尝试的主要策略，就是对"移位"或"跑题的话"的具体操作实践。这些策略包括：摒弃论说文式的长篇大论与铺陈写作，代之以为数众多的"特征"，并且打乱这些特征的人为逻辑排序，强调排序的偶然性，对每个特征都不作意义的展开或深入。如此一来，每个特征都可以被

---

① Carlo Ossola, «Leçon de la "Leçon"», in *Roland Barthes au Collège de France*(1977—1980), IMEC, 2002, p. 21.

看作是一段"跑题的话",一种对约定俗成的意指行为的"移位"。

4. 细微差异与语义生产

面对意义的固化以及由此产生的弊端,巴尔特提出的另一个消解策略是强调"细微差异"的重要性,并将其纳入语义生产的具体实践中。我们还记得巴尔特在讨论日本俳句时,对其呈现细微差异时的敏感所发出的赞叹。

对于当下即景的某个特殊细节、对于季节的细微变化、对于一天中的某个特定时刻,俳句都呈现出一种高度的敏感。这种敏感基于俳句作者高度的个体性,而这种敏感的对象,则是与抽象概念相对的可感知、"可触摸"的具体事物,一言以蔽之,就是特殊性。当事物的特殊性被敏锐捕捉、精微呈现时,我们必然会感受到它们是那么的新鲜而生动、那么的具有生命力。新的意义由此瞬间诞生。在巴尔特眼中,这毫无疑问是一个美妙的时刻,是语言摆脱俗套获得自由、意义不再陈旧僵化、不再企图上升到普遍性、不再给人带来教条和压迫感的时刻。而创造出这一美妙时刻的最有效途径,在巴尔特看来,便是充分依靠"细微差异",而俳句是最懂得细微差异的,因此是"诗的一种彻底形式"[①]。

在大众舆论、大众媒体泛滥的时代,为诗而斗争已经具有一种捍卫个体性和人权的意义:"诗 = 微妙感受在野蛮世

---

① Roland Barthes,*PDR*,p. 86.

界中的实践,因此就有了今天为诗而斗争的必要性:诗或许应该属于'人权',它并未衰落,而且具有颠覆性:既有颠覆性又有生命力。"①

如果以诗作为文学的最佳代表,那么毫无疑问,即便是广义上的文学,也是对细微差异最敏感、最复杂、最精妙、最自由的语言和意义游戏,我们不妨想一想文学的隐喻性、象征性、多义性、歧义性、含混性、暗示性,以及由此而来的语言的创造力、生命力。它最终通向的是人的解放,将作为个体的人的精神世界从各种固化乃至僵化的意义中解放出来,使其获得自由呼吸的空间。由此我们便从普通语言学的意指行为领域,进入了文学语义的创造性领域,以及文学符号学的领域。

5. 福柯的文学符号学定义

在对文学最基本功能的理解上,在对文学符号学的构想上,米歇尔·福柯与罗兰·巴尔特有着高度一致的看法,正是因为这一点,福柯于1976年向法兰西学院建议,为罗兰·巴尔特设立"文学符号学"的教授讲席,为此他撰写了长达9页的关于设立该讲席的构想。在卡尔洛·奥索拉看来,福柯撰写的这篇构想直到今天依然是总结和展望符号学研究的一份重要文献。②

---

① Roland Barthes, *PDR*, p. 82.
② Carlo Ossola, «Leçon de la "Leçon"», in *Roland Barthes au Collège de France*(1977—1980), IMEC, 2002, p. 19.

在这份文献中,福柯提出了关于文学符号学的几个关键问题:第一,文学符号学这一新提出的学科目前具有什么样的丰富性?未来具有什么样的发展可能?第二,这门学科是否具有发展的前景?它是已经足够成熟,还是仍然具有不确定性?第三,这门学科是否能够支撑起相关的教学,以及长期的研究?

为了回答这些问题,福柯首先回顾了符号学这门学科的起源,尤其是索绪尔的《普通语言学教程》,以及弗拉基米尔·普罗普对民间故事的分析研究。然而福柯关注的真正重点,是一种能够研究文学文本的复杂性及丰富性的符号学:"对于符号学而言,问题不在于将语言符号普遍化(即研究一般意义上的语言符号),去研究意义的生产变得稀少和形式化的领域,而是恰恰相反,应该去探索意义的生产变得更为复杂和混乱的领域。根据产生的条件,意义的呈现变得滑动(游移)而不确定,并且会产生移位、加强、增殖。"

我们不难发现,福柯和巴尔特一样重视意义生产的复杂性、不确定性和"移位",将它们看作是文学符号学区别于普通符号学的专属特征。这种关于文学符号学构想的基础,是福柯和巴尔特对于文学非常相似的理解。在福柯提交给法兰西学院的上述构想中,他对文学作了如下阐释:

> 文学不在于信息的完美,不在于准确表达的恰当性,它的本质恰好在于表达的不精确,要么过多,要么过少;要么有空白,要么有冗言赘词;要么过早,要么过晚;要么出现双重意义,要么出现表达上的意外。最纯粹的文学,就是在这些游移不定,这些回避信息有效性的干

扰之中,为自己开辟出道路的。①

卡尔洛·奥索拉非常欣赏福柯对于文学的上述阐释,认为这是"令人赞叹的对文学的定义",而且"显然也是巴尔特心目中的定义",因为巴尔特在1973年的一篇题为《写作的诸种变调》②的文章中,就曾用很长的篇幅,阐发了他和福柯不约而同认可的上述定义,尤其包括了福柯所说的"表达上的意外(le contre-temps)"。

6. 巴尔特的文学符号学定义

到了法兰西学院时期,巴尔特更为全面地论述了文学与文学符号学之间的关系,以及他对文学符号学的构想,并且,通过这一时期撰写的《就职演讲》、四门课程讲稿和其他文章,他对上述构想进行了真正意义上的实践。

相对于普通符号学,究竟什么是文学符号学呢？和米歇尔·福柯的理解一样,巴尔特心目中的文学符号学不是以文学为研究对象的符号学,而是自身就具有文学性质的符号学。他在《中性》里明确表达了这一点:"文学符号学讲席 ＝（1）文学:细微差异的汇集之地 ＋（2）符号学:对细微差异的聆听或观看。"③

---

① Carlo Ossola, «Leçon de la "Leçon"», in *Roland Barthes au Collège de France(1977—1980)*, IMEC, 2002, p. 20.

② Roland Barthes, «Variations sur l'écriture», in *Œuvres complètes*, tome IV, p. 267.

③ Roland Barthes, *Le Neutre*, p. 37.

巴尔特认为文学的力量一直被低估了。文学除了具有认知和表现的功能外，最重要的功能是符号学意义上的："它的真正符号学意义上的力量，是玩弄符号而不是摧毁符号，是把符号放进一个止动卡槽和保险插销已经损坏的语言机器装置中，简言之，是在刻板的语言结构内部建立起事物的一种真正的异他性。"①同样是在《就职演讲》里，巴尔特还说过："我很愿意称作'符号学'的，是那种有可能——甚至可以预期——对符号进行把玩的操作过程。"②

这里所说的"把玩符号""玩弄符号而不是摧毁符号""在刻板的语言结构内部建立起事物的一种真正的异他性"，与我们前面提到的福柯和巴尔特本人对于文学符号学的构想如出一辙：相对于"研究意义的生产变得稀少和形式化"的普通符号学，文学符号学要探索的却是意义生产变得更为复杂和混乱的领域，而在一切语言实践中，文学的意义生产过程是最复杂、最丰富、最具创新的，它的独特功能、它的独特价值，恰恰在于不断打乱、中止或悬置符号和意义的固化、僵化倾向，不断创造能指和所指之间的新的联系。这种文学特有的意指功能及其实践，在巴尔特的表达术语里被交替称作"细微差异""移位""和语言结构耍花招""玩弄符号""在刻板的语言结构内部建立起事物的一种真正的异他性"。

正是在此意义上，文学和符号学结合到了一起。一方面，文学不断地"潜沉到最为复杂的能指实践之中，迫使符号学去研究细微差异，并使其免于教条化、免于固化、免于将自

---

① Roland Barthes, «Leçon inaugurale», in Œuvres complètes, tome V, p. 438.
② Ibid., p. 433.

己当成普遍性话语；另一方面，符号学对文学的能指实践的关注将文学从包围着、挤压着它的群体性言语（大众舆论、自视为真理的理论话语、各种意识形态）中解救了出来"。之所以说解救，是因为巴尔特已经充分意识到："符号具有跟随、从众性质（suiviste，grégaire），每个符号中都睡着老生常谈这一妖怪，我要说话永远只能在语言结构中拾人牙慧。"①

对于文学和文学符号学之间的关系，巴尔特还从另外一个维度做出了阐释，这一贯穿了《就职演讲》以及《中性》《长篇小说的准备（一）》《长篇小说的准备（二）》三门课程讲稿的阐释思路，就是对"细微差异"的反复强调。在课程讲稿《中性》里，巴尔特直截了当地阐明了在他心目中文学与文学符号学之间的关系："在我看来，文学符号学教授这个讲席，第一意味着文学，也就是细微差异的药典（codex），第二意味着符号学，也就是对细微差异的聆听与观察。"②这个明确的定义值得我们记录下来：文学 = 细微差异；文学符号学 = 对细微差异的聆听与观察。我们还记得，《如何共同生活》和《中性》这部讲稿，都是由一系列的"特征"构成。巴尔特告诉我们，在每个特征（形象例证）的内部，他所关注的既不是解释，也不是定义，而仅仅是进行描述。描述（décrire）等于将一个词语所编织的意义加以拆解（dé-tresser）。"我们要描述、拆解（parfiler）的是什么呢？是细微差异。因为我对形象例证词（les mots-figures）的审视，是希望从中看出细微差

---

① Roland Barthes,《Leçon inaugurale》, in *Œuvres complètes*, tome V, p. 432.
② Roland Barthes, *Le Neutre*, p. 37.

异来。"①

关于为什么要如此强调细微差异,前面我们已经提到了巴尔特从感性的、审美的、消解意义固化、消解傲慢和权力的角度做出的解释。在《长篇小说的准备(一)》中,他还提到了另外一个背景原因:细微差异(及其所代表的个体性)在媒体文明的当代正面临着压制:"个别化的实践……,就是区分细微差别。……细微差别……如今遭到了群体文明神经质的查禁和压抑,可以说媒体文明的定义就是(咄咄逼人地)拒斥细微差异。我曾多次谈到,细微差别是最基本的交流实践,为此我甚至不惜生造出一个词:差异学(diaphoralogie)。"②当巴尔特将细微差异作为文学,亦即能指实践的一个基本特征时,他对何为"风格"也有了新的理解:"我们可以将风格定义为细微差别的书写实践(所以风格在今天是遭到歧视的)。"

最后,细微差异对于巴尔特最大的意义或启示,是让他把文学和生命、文学和生活的艺术贯通了:

> 我在备课中所探求的,是一种生活方式的导引(une introduction au vivre),一种人生指南(un guide de vie)。我想遵循细微差异来生活,而最富于细微差异的领域,便是文学。因此我想要的,便是遵循文学所教给我的细微差异来生活。③

在《长篇小说的准备(一)》里,巴尔特进一步阐发了这个

---

① Roland Barthes, *Le Neutre*, p. 36.
② Roland Barthes, *PDR*, p. 81.
③ Roland Barthes, *Le Neutre*, p. 37.

思想：

> 这条细微差别之路……走到尽头会是什么呢？是生命，是生命的感觉，是存在的体验。而我们知道，这种体验如要变得纯粹、强烈、荣耀、完美，就应该在主体身上实现某种虚空。……当语言缄默时，当不再有评论、阐释、意义时，存在就会变得纯粹：心灵因此反而充盈 ＝ 懂得某种虚空。①

现在我们就能够充分理解他在《就职演讲》结束时对自己即将开始的课程所寄予的期望："没有任何的权力，只有少许的知识，少许的明智，再加上尽可能多的滋味。"②尽可能多的细微差异、尽可能多的生活滋味：文学以及文学符号学的意义就在于此。

---

① Roland Barthes, *PDR*, p. 84.
② Roland Barthes, «Leçon inaugurale», in *Œuvres complètes*, tome V, pp. 445—446.

结　语

本书以罗兰·巴尔特四门法兰西学院课程为主要对象,同时将这一时期他的其他文本均纳入参考和研究的范围。总结起来,有五个主题贯穿了巴尔特这一时期的思考:1.消解意义和权力;2.俳句的审美启示;3.长篇小说性;4.文学符号学;5.乌托邦。下面我们分别对这五个主题的关键内涵及其思想背景做出概括,同时提出我们的辨析思考与看法。

消解意义和权力的执着意图,贯穿了这一时期巴尔特的全部思考。他的《就职演讲》、他的独特授课方式、他的课程"如何共同生活""中性",他在"长篇小说的准备(一)"中对俳句的研究,他对文学符号学的理解和定义,始终都在强调消解意义和权力的重要性。

《就职演讲》一开始巴尔特就提出了这个问题,并且明确将其视作他在法兰西学院授课所要面对的基本问题:"权力(占统治地位的性欲)就在那里,隐藏在人们所说的一切话语之中,即便是从一个权力之外的地方说出的话语。所以,这种教学(按:指法兰西学院的教学)越是自由,就越是有必要思考话语在何种情况下、以何种方式能够摆脱一切控制他人的愿望。在我看来,这种思考构成了今天开始的本讲席课程的深层计划。"①

这段话包含的一个基本前提是,在巴尔特看来,权力天然地寄生在语言结构中,由于语言无所不在,因此权力也无所不在。我们还记得,巴尔特仿照"Tout-Puissant"(全能的)一词,特意造出了一个首字母也是大写的复合词"Tout-Pouvoir",意指"无所不在的权力":它不仅存在于国家层面、不同阶级、不同群体之间,而且存在于各类时尚、流行舆论、演出、游戏、体育活动、信息、家庭关系和私生活关系,乃至各种试图质疑它的解放性冲动之中。②

为什么要高度警惕权力?因为在巴尔特的心目中,权力意味着个体与个体之间、个体与集体之间关系的失衡,通过各种话语,权力体现为将自己的观念强加给他人的欲望、影响和控制他人的欲望,体现为傲慢、武断、唯我独尊、自视为真理的化身,体现为对他人的个体性、对多元价值观的压制

---

① Roland Barthes, «Leçon inaugurale», in *Œuvres complètes*, tome V, p. 430.
② Ibid., p. 431.

和排斥。

如何消解无所不在的权力？巴尔特提出并尝试了多种消解策略。首先是他独特的授课方式。"如何共同生活"和"中性"两门课程都由许多"特征"构成,巴尔特强调它们排序的偶然性,旨在避免赋予它们某种人为的表达顺序。每个特征犹如一个百科词条、一个"卷宗",但巴尔特告诉听众,他在课堂上要做的仅仅是打开这些卷宗,而不是进行展开,目的也是为了避免长篇的授课话语导致意义的强化和固化,避免讲课者的主体性凌驾于受话者之上,使听众失去自由思考的可能。

在课程"如何共同生活"中,巴尔特特别重视"个人节奏"的概念,因为这涉及个体独立性与集体权力的关系问题。巴尔特对基督教和锡兰佛教各种不同类型的修行模式的探讨,显然并不倾向于绝对孤独的个体隐修,但更不倾向于修道院模式的等级制、严格的清规戒律、集体权力对于修道者的严厉管束、对修道者个体自由的压制。他之所以欣赏"个人节奏",就是因为这种模式避免了以上两种极端,既避免了修道院体制对个体造成的权力压迫,保证了修道者的个体自由,同时又使其与其他修道者之间、与修道院之间,保持着最基本的联系,因而是"共同生活"的一种最佳模式。

在课程"中性"里,巴尔特提出一种消解意义固化和权力的基本策略：中性。中性尝试消解的根本对象是二元范式（A／B,是／否）,因为范式的概念虽然源自语言学,但作为一种基本的思维方式,却广泛存在于社会生活的所有领域,主要表现为非此即彼、对立、冲突、傲慢,总之,范式及范式思维与权力有着深刻的内在联系。

在巴尔特看来,中性最根本的功能就在于消解 A/B、是/否的二元对立关系。在课程讲稿里他曾两次作过相同的表述:"我把一切能够消解范式的东西都称之为'中性'。"(《中性》,31)相对于 A/B、是/否的二元对立关系,中性的定义并不是消极意义上的非 A 非 B 关系,它的正确表述应该是既是 A 又是 B,即"同时"(à la fois, en même temps),或者是轮流交替(qui entre en alternance)。因此,与非此即彼、排他性和冲突性的二元范式相比,中性代表着对多元意义、多元事物的包容性。

到了探讨长篇小说的两门课程里,巴尔特消解意义固化和权力的尝试,则主要体现在语言领域和文学领域:他对于权力寄生于语言结构的反思,以及对文学基本功能和文学符号学的阐释。作为具体的话语案例,巴尔特在一次研讨课上,专门分析了《追忆似水年华》中夏尔吕斯男爵对叙述者发表的一段长篇大论,证明说话者从来都离不开针对他人(旨在影响他人)的修辞,话语并非作为个人自我的表达而存在,而是作为针对他人的行动而存在。在巴尔特看来,夏尔吕斯的这段长篇话语具有一种修辞意义上的暴力。

除了普遍意义上的权力之外,巴尔特所说的权力尤其指称启蒙时代以来现代性(la modernité)观念所包含的基本倾向:强调进步、斗争、真理、咄咄逼人的力量,以及这种基本倾向在意识形态层面、在实践领域所带来的众多排他性、压制性的结果。正是在这个意义上,安托瓦纳·贡巴尼翁认为巴尔特所持的显然是一种反现代性的立场。①如何消解无所不在的权力？或者至少尝试将其悬置或减弱？这是巴尔特在法兰西学院时期思考的主要问题之一。正如我们在前面章节里已经提到的，在他看来，这个问题的关键在于语言与权力的内在关系，理由主要有两个：

第一，从语言学的角度看，作为无数言语活动实践的抽象、重复与历史积淀，每一种语言结构已经定型（法语、英语、汉语、方言……），当我们在用语言结构进行表达时，很大程度上是它在决定我们的表达方式（说到底也决定了表达内容即意义）：语言结构"并非阻止人说话，而是迫使人说某种话"，因此巴尔特一语概括了语言符号的本质："符号具有跟随、从众性质（suiviste, grégaire），每个符号中都睡着老生常谈（stéréotype）这一妖怪，我要说话永远只能在语言结构中拾人牙慧。"②

第二，从强调主体间性的陈述（énonciation）角度看（本维尼斯特），一切陈述首先都意味着一个主体的存在。本维尼斯特的著名论断："人在语言中并且通过语言自立为主体。因为，实际上，唯有语言在其作为存在的现实中，奠定了'自我'的概念。"③与此同时，任何一个陈述都必然意味着一个"受话者"的存在，即使陈述貌似一种"独白"："说话者……一

---

① Antoine Compagnon, *Les antimodernes*, Editions Gallimard, 2005, pp. 404—440.
② Roland Barthes, «Leçon inaugurale», in *Œuvres complètes*, tome V, p. 432.
③ 埃米尔·本维尼斯特：《论语言中的主体性》(1958)，《普通语言学问题》选译本第18章，王东亮等译，北京：生活·读书·新知三联书店，2008年，第293—294页。

且标明他为说话者,并承担起语言,他立刻就在自己对面树立了一个他者,不管他授予这个他者的在场程度如何。任何陈述都是一次明显的或隐含的交谈,它预设了一个受话者。"本维尼斯特:"我只有在与某个人说话的时候才会说'我',而那个人在我的言说中将成为'你'。""人称的极性(polarité)……并不意味着平等或对称:'我'的地位总是优越于'你',但两项中的任何一项都不可或缺。"①

在1974年撰写的《我为何喜爱本维尼斯特》一文中,巴尔特由衷肯定和赞扬了"交谈(interlocution)语言学"强调主体间性(inter-subjectivité)的意义:

> 主体并非先于语言活动而存在,他只是因为在言说才成为主体。总之,没有"主体"(因此也根本没有"主体性"),有的只是说话者,甚至——本维尼斯特不断重申——有的只是**交谈者**(interlocuteurs)……语言活动乃至整个世界,都以"我/你"这一形式结合在一起。②

为何在交谈中,"我"的地位总是优越于"你"? 答案显而易见:因为这是人建立"自我"的需要与必然。这种"我"对于"你"的优越性确保、确立了说话者的"自我",一如本维尼斯特所指出的:"言说的'自我'即存在的'自我'"(Est "ego" qui dit "ego")。③人的自我本性由人称关系中尽显;说话者确定

---

① 埃米尔·本维尼斯特:《论语言中的主体性》(1958),《普通语言学问题》选译本第18章,王东亮等译,北京:生活·读书·新知三联书店,2008年,第293—294页。

② Roland Barthes, «Pourquoi J'aime Benveniste», in *Œuvres complètes*, tome IV, p.514.

③ 埃米尔·本维尼斯特:《论语言中的主体性》(1958),《普通语言学问题》选译本第18章,王东亮等译,北京:生活·读书·新知三联书店,2008年,第293页。

自我、伸张自我的本能，他希望或要求受话者接受"我"的欲望，也由此成为必然。言说、陈述、自我确认与伸张、修辞、明显或隐含的影响受话者的欲望、控制的欲望，在任何一次交谈乃至独白中都交织在一起。而这一切，都可以概括为"自我"行使权力的欲望，这就是巴尔特专门在一次研讨课上分析《追忆似水年华》中夏尔吕斯话语的原因。

由此我们可以明白，为何巴尔特从《就职演讲》一开始就会谈到无所不在的权力问题，因为权力，或者行使权力的欲望，始终存在于一切话语之中，而巴尔特作为一名自始至终关注语言、文学、意识形态、政治的知识分子，对语言和权力的内在关系高度敏感。

基于相同原因，巴尔特认为消解权力的出路就在语言本身，具体而言，就是"和语言结构耍花招（tricher avec la langue）"，或者"戏弄语言结构（tricher la langue）"。而最能充分施展这种策略的语言行为便是文学。和米歇尔·福柯一样，巴尔特认为文学是能指活动的最佳场所，它既能生产出最为丰富、复杂、不确定的意义，又能不断打乱能指与所指的既成关联，不断对语言结构进行移位，从而能够有效避免意义的固化、僵化、单一化、自我赋予的真理化，以及这个过程中所表现出的傲慢和权力意识。

除了在意指行为、意义生产这个环节发挥作用外，巴尔特认为文学还具有另外一种消解功能，那就是它把对"细微差异"的高度敏感纳入了语义生产的具体实践中。我们在前面的章节中已经指出，在巴尔特看来，细微差异意味着与抽象概念相反的感性和特殊性，当事物的特殊性被敏锐捕捉、精微呈现时，我们必然会感受到它们是那么的新鲜而生动、那么的具有生命力。新的意义由此瞬间诞生。语言由此摆脱俗套而获得自由，意义不再陈旧僵化、不再企图上升到普遍性、不再给人带来教条和压迫感。在巴尔特眼中，俳句便是最懂得细微差异的诗歌，因此是"诗的一种彻底形式"。

于是我们便能够理解为何巴尔特在第三门课程里，会将大量的篇幅用于分析俳句的审美特征，因为从消解意义固化、使能指变得自由空灵的角度看，这些特征都具有很强的启发性，俳句也因此成为巴尔特在法兰西学院时期思考的第二个主题。

归纳起来，俳句至少为巴尔特提供了两个主要启示。第一个与审美有关。俳句对季节、对时刻、对具体事物、对细微差异的敏感，使其专注于特殊性和个体性，远离抽象化、概念化的思维模式，远离陈旧俗套的隐喻套路，因而具有非常典型的审美特性和新鲜生动的生命力。

另一个启示与意义有关。西方的格言虽然也很简短，但是格言的写作目的在于表达一个明确的意义，乃至意识形态，因此格言是沉甸甸的。与之相反，俳句都是极为简洁的即景记录，俳句诗人从不去添加任何评论，不刻意制造任何有意味的"效果"，因此，俳句既没有使意义固化，又并不离开意义。在符号的能指与所指之间，保持着一种若即若离的、空灵自由的关系。因此俳句对于巴尔特的最大的启示，就在于它对意义的减弱、稀释、"脱脂"。①

---

① Roland Barthes, *PDR*, p.110.

法兰西学院时期巴尔特思考的第三个主题是"长篇小说性"。巴尔特用了两门课程来讨论长篇小说,因为作为文学符号学讲席教授,他希望通过这两门课程充分阐释他对于文学和文学符号学的思考。然而由于母亲的离世,这两门此后撰写的讲稿还被巴尔特增加了一层特殊的意义。

我们可以从"长篇小说性"这个关键词入手,来概括他在后两门课程中的关键思考。前面我们提到,巴尔特对长篇小说的思考可以追溯到早期名著《写作的零度》(1953)。然而直到1975年他才首次提出了"长篇小说性"的概念。按照巴尔特的定义,长篇小说性包含以下几个特点:1.它是一种话语模式,但不按故事情节来结构,因此有别于传统意义上的长篇小说;2.它是一种即景记录,一种对日常现实、人物以及生活中发生的一切事情表达兴趣的方式;3.他在接受让-雅克·伯劳希耶采访时曾明确告诉后者:"写作长篇小说对我而言是不可能的事情。然而与此同时,我却有一种在写作中推进小说性试验、小说性陈述的强烈欲望。"这句话确认了巴尔特所说的"小说性"有别于长篇小说本身:他有强烈欲望尝试前者,但写作长篇小说对他而言却是不可能的事情。

以上关于小说性的表述到法兰西学院时期被巴尔特作了部分修改,并且加入了新的内容。巴尔特认为完全可以设想一种既包括理论思考,也包括文学表达的话语类型,从而不仅打破它们之间的区隔和对立,而且消除它们各自带有的片面性,这是他对"小说性"内涵的一个重要补充。他将这种新型的话语类型称作"第三种写作形式"。

此外，出于对亡母的挚爱，巴尔特为他构想中的"长篇小说性"加入了一个新的内涵：长篇小说应该是一种"爱的行为"。不过，"爱的行为"并不等于作者（通过叙述者或人物）的感情倾诉，相反要求作者尽量忘记自我，专注于讲述所爱之人的存在，因此巴尔特希望长篇小说能够完成的主要任务是："让我能够讲述我所爱的人……，而不是告诉他们我对他们的爱（那将是一种抒情性的写作计划）。"①

巴尔特关于"长篇小说性"的构想与他同时期的写作，尤其是四门课程之间，存在着事实上的联系。我们还记得他说过的这句话："写作长篇小说对我而言是不可能的事情。然而与此同时，我却有一种在写作中推进小说性试验、小说性陈述的强烈欲望。"事实上，有关"长篇小说性"的理论构想，在某种程度上已经被巴尔特付诸实践，尤其是四门课程和《明室》一书中，因为他所定义的几个"小说性"要素，在这些文本里都不同程度地出现了。

例如，四门课程的话语类型都包括了学术研究、理论思考和文学性表达，都可以被看作是巴尔特所说的"第三种写作形式"。而母亲去世后巴尔特赋予长篇小说性的另外一个新内涵——"爱的行为"，则在《长篇小说的准备（一）》《长篇小说的准备（二）》和《明室》中得到了充分体现。

再以第一门课程"如何共同生活"为例。巴尔特将他的讲课方式定义为"几种日常空间的小说性模拟"，他要做的，正是在课堂上以口头表达的方式模拟试验某种"小说性"。

---

① Roland Barthes, *PDR*, p. 40.

这里指的当然不是传统意义上的小说,因为巴尔特的课程并不是在讲述一个故事。"如何共同生活"这门课程的"小说性",产生于一个个具体的场景,这些场景无一不充塞着各类物品:花卉、残渣、餐桌、椅子、粗呢衣服等。这些场景向我们展示着人物的日常动作举止,而这些人物本身却很不寻常:隐修士、被非法监禁的女人、海难幸存者。

在这门课程里,小说性还体现在巴尔特对小说故事将要发生的空间的想象与虚构,他所分析的每一部小说,都对应着一个特定的空间环境,例如《修道院的故事》中的荒原,《普瓦捷被非法监禁的女人》中的卧室,《家常菜》中的住宅楼,《鲁滨逊漂流记》中的岛屿,此外当然还应该加上希腊阿托斯山的修道院和锡兰的寺庙。然而与长篇小说不同的是,巴尔特随后并不会进入对某个人物和故事的详细叙述。

第四个主题:文学符号学。前面我们已经提到,关于文学符号学,巴尔特与福柯有着非常相近的见解和构想。他们都强调文学符号学区别于普通符号学的关键,在于对待意义和意义生产的不同方式。普通符号学以意指行为的一般情况作为研究对象,侧重于语言符号的普遍化,因此它所关注的领域是意义生产较为稀少并且形式化的领域。与之相对,文学符号学是一种研究文学文本的复杂性及丰富性的符号学,它所关注的是意义生产的丰富性、复杂性、不确定性以及细微差异,也就是意指行为被打乱,背离常规和俗套,从而产生移位、产生创造性的时刻。

第五个主题:乌托邦。这是一个从最基本的意义上贯穿了巴尔特四门课程的主题。从一开始,巴尔特就明确预告了自己课程的一个重要特征:幻想性质。第一门课程"如何共同生活"涉及的是集体权力与个体自由之间的关系问题,巴尔特为其"幻想"的社会关系找到了一个关键词——个人节奏;第二门课程中的幻想自然是"中性"状态;至于第三门课程"长篇小说的准备(一)"和第四门课程"长篇小说的准备(二)",巴尔特安置其中的"幻想",就是"想要写作一部长篇小说"。关于"幻想",巴尔特还有另外几种表述方式,一是"想象界",二是"欲望的对象",三是"乌托邦";在巴尔特的术语表中,这几种表述方式大致可以相互替代。

然而需要特别指出的是,巴尔特所说的乌托邦完全不同于现代性意义上的乌托邦,即各种激进的、大型的社会理想模式及其相关的学说或意识形态,例如傅立叶的"法伦斯泰尔"。恰恰相反,他赋予乌托邦的基本内涵仅仅是幻想或假设,即作为现实参照物的理想状态,例如最多十来个人的小型团体如何共同生活,而且他明确将自己的幻想限制在思想范畴,只强调它们的理论意义,从不认为它们可以进入实践领域。巴尔特的乌托邦最基本的指向在于强调个体自由的价值,强调消解权力和体制,消解各种自诩为"真理"的话语,因此从根本上说是反"进步"观念、反现代性的。

以"个人节奏"为例,巴尔特明确表示,他在"如何共同生活"这门课上要讨论的,就是"一种关于社会人际关系距离的乌托邦";而探讨"中性"的意义在于,对于巴尔特而言,无论保持非 A 非 B 状态(更好的表述是"既是 A 也是 B")有多么困难,这也不能成为他放弃憧憬中性、将其当作一种乌托邦去幻想的理由,因为他深知,中性有着不可替代的重要价值:"中性等于是设定了一种保持沉默的权利或可能性。沉默、不说话,因此成为一种消解压制、威胁以及避免说话风险的操作行为。"①

关于第三和第四门课程为什么叫作"长篇小说的'准备'",关于自己究竟是否要真正写作一部长篇小说,巴尔特曾在《睡下》一文中作过意味深长的说明,点出了这两门课程的乌托邦意义:

> 讲了那么多,是否意味着我将写作一部长篇小说?对此我一无所知。我不知道是否可能将我所希望的作品仍然叫作"长篇小说"。……这部乌托邦性质的长篇小说,对我来说重要的是要做得就像我应该去写它一样。……我提出的是一种假设,我想探索并发现从中产生的丰富可能性。比起仅仅把长篇小说看作是一种已经被别人完成的东西来,我假设了一种有待写作的长篇小说,以这样的方式我可以指望对长篇小说有更多的了解。②

乌托邦的基本含义是难以实现的理想,而这一基本性质,使得巴尔特在四门课程中对乌托邦的执念,令人印象深刻。我们会感到好奇,为什么乌托邦会成为贯穿他四门课程

---

① Roland Barthes, *Le Neutre*, p. 51.
② Roland Barthes, «Longtemps, je me suis couché de bonne heure», in *Œuvres complètes*, tome V, p. 470.

的一个基本主题？在这一执念的背后，究竟存在着什么样的原因和动机？

我们不妨以"如何共同生活"为例，因为巴尔特开设这门课程的动机从表面上看是最不容易解释的。如果我们解释清楚了这门课程所包含的乌托邦主题，就很容易解释这个主题为何也会贯穿其他的课程。

巴尔特一生从事的职业不多，除早年几段短暂且动荡的工作经历外，他真正稳定和长期的职业主要有两个，先是在高等研究实践学院担任了16年的研究导师（1960—1976），然后于1976年当选为法兰西学院教授。由于天性温和，厌恶任何冲突和歇斯底里，巴尔特在这两所科研教学机构都拥有相当好的人际关系，这一点从他好友的回忆、路易-让·卡尔韦写的传记、埃尔维·阿尔加拉隆多写的《罗兰·巴尔特最后的日子》里，我们都能得到佐证。在离开高等研究实践学院之际，他告诉朋友自己非常留恋那里的工作环境和氛围。到了法兰西学院，他则发自内心地称赞这是一个"处于'权力之外'的场所……教授在此别无他务，只是研究和讲课而已"。在私人生活和家庭生活方面，巴尔特需要面对的人际关系更是非常简单。他与同母异父的弟弟米歇尔关系融洽，米歇尔结婚后与妻子从家中搬出去独立生活，而巴尔特因为同性恋终生未婚，长期与母亲一起生活，而且母子间感情极深。

从上述与巴尔特个人职业和生活相关的人际关系来看，我们完全无法解释为何他在法兰西学院的第一门课程就会讨论"如何共同生活"这个问题。不仅如此，如果查阅五卷本的《罗兰·巴尔特全集》,我们会发现在巴尔特个人的学术思考历史上,这也是一个从未被专门探讨过的崭新话题。

我们能够注意到的,首先是一些间接的原因,例如在获悉当选法兰西学院教授之际,巴尔特对高等研究实践学院的工作环境和氛围的留恋之情。前面我们提到过,作为学院的研究导师,巴尔特除指导学生外,主要工作便是定期主持不同专题的研讨课。这些研讨课的规模一般不大,但参与者都是非常有才华的年轻人。此外,巴尔特本人的一些朋友也时常来参加研讨课。研讨课的气氛宽松自由,每次探讨完学术,大家就会心情愉快地去一家咖啡馆继续聊天。对于巴尔特而言,研讨课既是一个学术工作圈,也是一个朋友圈。对照他在《如何共同生活》中描述的"个人节奏",我们不难看出那是一种非常符合其理想的"共同生活"方式。也许在某种意义上,他开设这门课程也是为了纪念那些既有学术、又有友情的日子?

其次还有巴尔特个性气质方面的原因。从朋友们对他的回忆,以及路易-让·卡尔韦和埃尔维·阿尔加拉隆多的传记中,我们不难了解到巴尔特生性温和、敏感,"厌恶任何冲突和歇斯底里",这在很大程度上也可以解释他对一种理想人际关系和社会伦理的憧憬。

不过,除了这类间接原因之外,如果我们仔细研究巴尔特这个时期的年谱,还会发现更为直接的原因。巴尔特当选为法兰西学院教授是在1976年3月,就在此后不久,他读到了一本由普隆出版社出版的新书:游记作家雅克·拉卡里埃尔的著作《希腊的夏天》。正如巴尔特本人在《如何共同生活》中明确提到的,正是这本书中描述的希腊阿托斯山部分僧侣的"个人节奏"修道方式,给予了他一个关键的启示。此后,1976年的夏天,他便开始了《如何共同生活》讲稿的撰写,将"个人节奏"作为"幻想"或"欲望"的对象,投入对一种社会乌托邦的探索。

由此我们可以推断,关于"如何共同生活"的社会学、伦理学思考,在巴尔特的头脑中应该早已存在,但是一直处于零散的、沉潜的状态。"个人节奏"作为一个关键词显然唤醒了这些相关的思绪,让巴尔特意识到可以将它们放在一门课程里进行比较全面的研究。

此外还有一个我们不能忽视的基本因素:对于任何一个具有社会和人文关怀的知识分子而言,必定会有对社会现实的反思,内心深处总会有某种乌托邦的憧憬,况且在学术研究的层面,以"个人节奏"作为探索的核心不仅是个崭新的视角,而且能够由此揭示出关于"如何共同生活"的许多深刻的社会学和伦理学意义。

然而至此我们的疑问仍然没有得到足够的解释:乌托邦的基本含义是难以实现的理想。在大多数情况下,乌托邦一词对于当代人来说更多包含的是负面的含义,尤其是自启蒙运动和法国大革命以来,人类各种乌托邦在意识形态和实践领域所暴露出的严重弊端,而巴尔特对此恰恰又是高度警惕乃至明确否定的,他对"个人节奏""中性"和俳句的推崇,他对文学符号学的构想,都隐含着上述的思想背景,对此我们在前面的有关章节里已经做过详细论述。

于是我们再一次回到了这个疑问:为什么巴尔特会表现

出对乌托邦的执念,使其成为贯穿他四门课程的基本主题之一? 如果我们现在回顾巴尔特的每一个"幻想"、每一个乌托邦,就会发现一个有趣的情况:它们恰恰都是针对现代性乌托邦提出来的。

在讨论"个人节奏"时,巴尔特毫不客气地批判了傅立叶发明的法伦斯泰尔,称其"从根本上说就是反人性的:这种社会组织完全就是个人节奏的反面,它的成员每天必须遵守固定的日程表,参加每刻钟一次的集体活动,犹如一个兵营(法伦斯泰尔源自希腊文 phlanx,意为军事组织)、一个寄宿学校"①。

而巴尔特之所以非常重视中性的立场以及这种立场所包含的价值,是因为他个人的政治思想不是斗争型的、咄咄逼人的,这与现代性所宣扬的各种乌托邦学说,以及为了实现这些乌托邦而强调冲突、斗争、力量、进步、真理,显得格格不入。②现代性话语是典型的二元范式话语,而对于巴尔特来说,中性的基本功能,就在于消解二元范式话语。

同样,俳句在巴尔特眼中之所以被看作是"诗的一种彻底形式",乃是因为它具有明显的消解和悬置意义的特征。这种特征和"长篇小说性"以及文学符号学一样,都旨在消解构成二元范式话语、构成各种现代性"真理"和乌托邦言说的基础:语言结构与权力的内在联系。

---

① Roland Barthes, *CVE*, p. 40.
② Sabine Hillen, «Suspendre l'événement, aimer la marge. La solitude selon Barthes», in *Roland Barthes en Cours*, Editions Universitaires de Dijon, 2009, p. 124.

此外我们还应该注意到一个性质上的重要区别：现代性的乌托邦（各种自视为真理的学说）都强调实践性，其目的都在于进入实践领域，这是其最致命的弊端所在。

与之相反，巴尔特意义上的乌托邦恰恰都是有意识的对现代性乌托邦的反拨与消解。不仅如此，他还有意识地将自己所说的乌托邦限定在非实践性的想象界，反复强调其"幻想"性质，认为它们的意义主要在于启发思考，而不在于进入实践领域，因为从本质上说，巴尔特所说的乌托邦，其意义就在于它的纯幻想性和非实践性。无论是"个人节奏"还是"中性"，巴尔特都明确表示它们只是幻想或欲望的对象，而后两门课程讨论的长篇小说，其关键词始终都是"准备"，而不是进入实践。最后一门课程"长篇小说的准备（二）"的副标题更是清楚标明："作为愿望的作品"。

那么，这种作为纯粹幻想的乌托邦，究竟具有什么意义？只有弄清了这一点，我们才能明白为什么巴尔特要将其作为贯穿四门课程的一个基本主题。我们还记得，在讨论俳句创作在当代日本仍在存在的活力时，巴尔特曾由此引申出一个重要论述：对于业余主义价值的推崇。巴尔特清楚，业余爱好者的社会只能是一种理想。在接受让-路易·埃兹纳的采访时他谈道："眼下业余爱好者还没有地位，尚无法生存。"不过，20世纪六七十年代欧洲的社会革命使巴尔特有理由去"想象这么一个社会，在这个社会里渴望业余爱好者的主体们（les sujets）能够产生出业余爱好者来。那将是美好的"。[①]

---

① Roland Barthes, «Le jeu du kaléidoscope», in Œuvres complètes, tome IV, p. 849.

在理论层面设想这样一个未来的、更加美好的社会,一个乌托邦,意义何在?巴尔特的回答是:"乌托邦有何用?用来生产意义",如果说"现实占据的是(一枚硬币的)反面",那么"乌托邦占据的就是(这枚硬币的)正面"。①设想一个"业余爱好者社会"的意图显而易见:他想借此设立一个商业社会的对立面,一个交换原则、盈利计算原则的对立面,一个异化了的现代社会的对立面。这个乌托邦的意义当然不在于其既存性,它体现的是一种观照现实的标准或尺度。因为这个尺度的设立,我们得以更为敏锐地看清当代社会和大众文化的面目,并且知道抵抗或者至少逃避它所应该选择的方向。②

再来看巴尔特心目中文学所具有的乌托邦价值。我们曾经提到,他在四门法兰西学院课程中都引用了许多文学作品,尤其是长篇小说作为分析材料。对此克洛德·科斯特提出过一个中肯的看法:巴尔特之所以选择从长篇小说的角度去看问题,乃是希冀在学术写作和教学中,诱发产生一种小说性的新元素。纪德小说中"被非法监禁的女人"梅拉妮,以及《追忆似水年华》中自丈夫去世后便自闭在卧室里的莱奥妮姨妈,都在告诉我们,唯有想象力和小说写作,能够成功实现对自我封闭的补偿。这两个自闭型人物证明了唯一成功的"个人节奏"只有在文学作品才能存在,正像孤独的作家与他的读者群体能够达成和谐一样。③

---

① Roland Barthes,*Roland Barthes par Roland Barthes*,Editions du Seuil,1995,p.76.
② 参见黄晞耘:《业余主义的三个内涵》,《外国文学评论》,2005 年第 3 期。
③ Claude Coste,«Préface», in Roland Barthes,*CVE*,p.28.

在"长篇小说的准备（二）"临近尾声的一次课堂上（1980年2月16日），巴尔特直截了当地向听众提出了"现实是什么"和"现实应该是什么"这两个根本问题。他指出，对于西方的伟大小说家而言，"现实是什么"和"现实应该是什么"这两个观念之间存在着冲突和不兼容性。长篇小说中的人物（例如于连·索黑尔）并不知道自己在回想人类的一种神话状态，那时的人们与世界和谐相处。小说的主人公在一个被现代资本主义法则侵蚀、变质的现代世界里，竭力想要重新找回这种失去了的和谐，那些法则导致了人与人之间的不和谐。

由此巴尔特认为："长篇小说的任务就是将一个拥有价值的世界（爱，正义，自由）与一种被经济法则决定的社会体系对立起来 → 按照逻辑，小说的主人公应该死去（情况常常如此，例如于连·索黑尔），不过，长篇小说常常也等同于难以实现的价值观与难以接受的社会历史之间的一种妥协过程 → 主人公 ＝ 现实历史与真实伦理之间对立的牺牲品。"①

巴尔特重申长篇小说应该坚持表现一个拥有价值的世界，即使这个理想世界难以实现，是因为他所处的时代的长篇小说令他深感失望：

> 如今的长篇小说多如尘埃，却没有"伟大的小说"，它们似乎不再是任何价值意图、规划或者道德激情的存身之所。……这些长篇小说出现在一个资本主义依然

---

① Roland Barthes，*PDR*，p. 363.

故我的社会里,显而易见,现实世界否定了和谐的梦想。①

现在我们可以清楚地看到,在经历了"欣快的科学之梦"②,即放弃历史维度和人的主体维度的科学主义符号学之后,巴尔特一方面坚持对现代性话语弊端的质疑,另一方面避免了从解构现代性话语走向虚无主义的倾向。通过四门法兰西学院课程以及同一时期的其他著述,巴尔特最终确认了文学与现实、与历史、与人的主体性的统一,确认了自己的价值理想主义的基本立场,这便是我们研究法兰西学院时期巴尔特思想的最大收获。

---

① Roland Barthes, *PDR*, p. 363.
② Roland Barthes, «Réponses», entretien filmé avec Jean Thibaudeau pour la série des «Archives du XXᵉ siècle», in *Œuvres complètes*, tome III, p. 1032.

参考书目

一、本书重点研究的罗兰·巴尔特著述（按撰写时间排序）：

1. *Œuvres complètes*, tomes I—V, sous la direction de Eric Marty, Editions du Seuil, 2002.
2. « Travaux et projets », 1975, in *Roland Barthes au Collège de France (1977—1980)*, IMEC, 2002.
3. « Leçon inaugurale », in *Œuvres complètes*, tome V, Editions du Seuil, 2002.
4. *Comment vivre ensemble*, Cours et séminaires au Collège de France (1976—1977), Editions du Seuil / IMEC, 2002.
5. « Qu'est-ce que tenir un discours? » Séminaire, in *Comment vivre ensemble*, Cours et séminaires au Collège de France (1976—1977), Editions du Seuil / IMEC, 2002.

6. «Résumé du Cours Comment vivre ensemble», in *Œuvres complètes*, tome V, Editions du Seuil, 2002.

7. *Le neutre*, Cours au Collège de France (1977—1978), Editions du Seuil / IMEC, 2002.

8. «Résumé du cours Le Neutre», in *Œuvres complètes*, tome V, Editions du Seuil, 2002.

9. «La préparation du roman I et II», Cours et séminaires au Collège de France (1978—1979 et 1979—1980), Editions du Seuil / IMEC, 2003.

10. «Résumé du cours La Préparation du roman», in *Œuvres complètes*, tome V, Editions du Seuil, 2002.

11. «Longtemps, je me suis couché de bonne heure», in *Œuvres complètes*, tome V, Editions du Seuil, 2002.

12. «Ça prend», in *Œuvres complètes*, tome V, Editions du Seuil, 2002.

13. «La Chambre claire», in *Œuvres complètes*, tome V, Editions du Seuil, 2002.

14. «Vita Nova», in *Œuvres complètes*, tome V, Editions du Seuil, 2002.

15. «On échoue toujours à parler de ce qu'on aime», in *Œuvres complètes*, tome V, Editions du Seuil, 2002.

二、本书间接涉及的罗兰·巴尔特著述（按发表时间排序）：

1. «Le degré zéro de l'écriture», 1953, in *Œuvres complètes*, tome I.

2. «Le Mythe, aujourd'hui», 1956, in *Œuvres complètes*, tome I.

3. «Sur Racine», 1963, in *Œuvres complètes*, tome II.

4. «Essais critiques», 1964, in *Œuvres complètes*, tome II.
5. «Eléments de sémiologie», 1965, in *Œuvres complètes*, tome II.
6. «Avant-propos» du *Système de la Mode*, 1967, in *Œuvres complètes*, tome II.
7. «De la science à la littérature», 1967, in *Œuvres complètes*, tome II.
8. «Japon, l'art de vivre, l'art des signes», 1968, in *Œuvres complètes*, tome III.
9. «Entretien avec la revue *UMI* du Japon», 1969, in *Œuvres complètes*, tome III.
10. «L'Empire des signes», 1970, in *Œuvres complètes*, tome III.
11. «L'étrangère», 1970, in *Œuvres complètes*, tome III.
12. «Sur la théorie», 1970, in *Œuvres complètes*, tome III.
13. «Entretien avec la revue *Signs of the Times*», 1971, in *Œuvres complètes*, tome III.
14. «Réponses, entretien avec Jean Thibaudeau», 1971, in *Œuvres complètes*, tome III.
15. «Le Plaisir du texte», 1973, in *Œuvres complètes*, tome IV.
16. «Pourquoi j'aime Benveniste», 1974, in *Œuvres complètes*, tome IV.
17. «L'aventure sémiologique», 1974, in *Œuvres complètes*, tome IV.
18. «Roland Barthes par Roland Barthes», 1975, in *Œuvres complètes*, tome IV.
19. «Le jeu de kaléidoscope», 1975, in *Œuvres complètes*, tome IV.
20. «Vingt mots-clés pour Roland Barthes», 1975, in *Œuvres*

complètes，tome IV.

21. «Entretien avec Jacques Chancel»，1975，in *Œuvres complètes*，tome IV.
22. «Sur l'astrologie»，1976，in *Œuvres complètes*，tome IV.
23. «Fragments d'un discours amoureux»，1977，in *Œuvres complètes*，tome V.

三、与本书直接相关的研究文献（按作者姓氏首字母排序）：
外文文献：

1. Algalarrondo, Hervé, *Les derniers jours de Roland B.*, Editions Stock，2006.
2. Badir, Sémir, «Barthes sémiologue», in *Roland Barthes en Cours*, Editions universitaires de Dijon，2009.
3. Badir, Sémir, «Retour à Barthes», in *Roland Barthes en Cours*, Editions Universitaires de Dijon，2009.
4. Bonnefoy, Yves, «Roland Barthes au Collège de France», in *Roland Barthes au Collège de France (1977—1980)*, IMEC，2002.
5. Bonnet, Nicolas, «Le destinataire de derniers Cours», in *Roland Barthes en Cours*, Editions Universitaires de Dijon，2009.
6. Calvet, Louis-Jean, *Roland Barthes*, Editions Flammarion，1990.
7. Clerc, Thomas, «Le Neutre», in *Roland Barthes au Collège de France (1977—1980)*, IMEC，2002.
8. Clerc, Thomas, «Préface», *Le Neutre*, Editions du Seuil / IMEC，2002.
9. Comment, Bernard, *Roland Barthes, vers le neutre*, Christian Bourgois Editeur，1991.

10. Compagnon, Antoine, *Le démon de la théorie, littérature et sens commun*, Editions du Seuil, 1998.
11. Compagnon, Antoine, *Les antimodernes*, Editions Gallimard, 2005.
12. Coste, Claude, «Comment vivre ensemble», in *Roland Barthes au Collège de France (1977—1980)*, IMEC, 2002.
13. Coste, Claude, «Préface», *Comment vivre ensemble*, Editions du Seuil / IMEC, 2002.
14. Ducard, Dominique, «Une forme de présence. Entre la distance frappée de la chose écrite et la pression poétique de la chose parlée», in *Roland Barthes en Cours*, Editions Universitaires de Dijon, 2009.
15. Foucault, Michel, « Voici, en bien peu de temps... », in *Roland Barthes au Collège de France (1977—1980)*, IMEC, 2002.
16. Hillen, Sabine, «Suspendre l'événement, aimer la marge. La solitude selon Barthes», in *Roland Barthes en Cours*, Editions Universitaires de Dijon, 2009.
17. Kristeva, Julia, *Les Samouraïs*, Editions Gallimard, 1990.
18. Léger, Nathalie, «La Préparation du roman», in *Roland Barthes au Collège de France (1977—1980)*, IMEC, 2002.
19. Léger, Nathalie, «Préface», *La Préparation du roman*, Editions du Seuil / IMEC, 2003.
20. Marty, Eric, «Avant-propos», *Comment vivre ensemble*, Editions, Seuil / IMEC, 2002.
21. Marty, Eric, *Roland Barthes, le métier d'écrire*, Editions du Seuil, 2006.

22. O'Meara, Lucy, «Atonalité et tonalité : une interprétation des Cours au Collège de France», in *Roland Barthes en Cours*, Editions Universitaires de Dijon, 2009.

23. Ossola, Carlo, «Leçon de la "Leçon"», in *Roland Barthes au Collège de France（1977—1980）*, IMEC, 2002.

24. Parret, Herman, «La saveur dans les Cours au Collège de France», in *Roland Barthes en Cours*, Editions Universitaires de Dijon, 2009.

25. Ponzio, Augusto, «Le Neutre et l'écriture ante litteram», in *Roland Barthes en Cours*, Editions Universitaires de Dijon, 2009.

26. Ponzio, Julia, «Le rythme et les nuances : la dimension musicale du texte», in *Roland Barthes en Cours*, Editions Universitaires de Dijon, 2009.

27. Richard, Jean-Pierre, *Roland Barthes, dernier paysage*, Editions Verdier, 2006.

中文文献：

1. 埃米尔·本维尼斯特：《普通语言学问题》选译本，王东亮等译，北京:生活·读书·新知三联书店,2008年。
2. 安托瓦纳·贡巴尼翁：《反现代派——从约瑟夫·德·迈斯特到罗兰·巴特》,郭宏安译,北京:生活·读书·新知三联书店,2009年。
3. 黄晞耘：《被颠覆的倒错:罗兰·巴特后期思想中的一个关键概念》,《外国文学评论》,2003年第1期。
4. 黄晞耘：《罗兰·巴尔特在"人生的中途"》,《文学评论》,2014年第6期。
5. 黄晞耘：《罗兰·巴特思想的转捩点》,《世界哲学》,2004年第

1 期。

6. 黄晞耘:《罗兰·巴特:业余主义的三个内涵》,《外国文学评论》,2005 年第 3 期。

7. 刘德润、李青、孙士超编著:《东瀛听潮——日本近现代史上的和歌与俳句》,北京:外语教学与研究出版社,2010 年。

8. 松尾芭蕉:《奥州小路》,陈岩译,南京:译林出版社,2011 年。

9. 郑民钦编著:《俳句的魅力——日本名句赏析》,北京:外语教学与研究出版社,2008 年。

10. 周裕锴:《禅宗语言》,杭州:浙江人民出版社,1999 年。